W0044941

Kathie Carlson · Nicht wie meine Mutter

Kathie Carlson

Nicht wie meine Mutter

Frauen auf der Suche
nach sich selbst

Kösel

Übersetzung aus dem Amerikanischen: Karin Petersen, Berlin
Die Originalausgabe erschien unter dem Titel
»In Her Image« bei Shambhala Publications, Inc., Boston

ISBN 3-466-34270-8
Copyright © 1989 by Kathie Carlson
© 1992 für die deutsche Ausgabe by Kösel-Verlag
GmbH & Co., München
By arrangement with Shambhala Publications, Inc.,
P.O. Box 308, Boston, MA 02117
Printed in Germany. Alle Rechte vorbehalten
Druck und Bindung: Kösel, Kempten
Umschlag: Elisabeth Petersen, Glonn
Umschlagfoto: Image Bank, München

1 2 3 4 5 6 · 97 96 95 94 93 92

*Gedruckt auf umwelfreundlich hergestelltem Werkdruckpapier
(säurefrei und chlorfrei gebleicht)*

Für meine »Herzensmütter«
und für meine Tochter Rachele,
von der ich noch immer lerne

Inhalt

Einleitung

Die primäre Beziehung zwischen Frauen ist die zwischen Mutter und Tochter. In dieser Beziehung entsteht die Ich-Identität einer Frau, ihr Empfinden von Sicherheit in der Welt, ihre gefühlsmäßige Einstellung zu sich selbst, zu ihrem Körper und zu anderen Frauen. Die Mutter ist es, die ihr als erste vermittelt, wie sie Frau sein kann, und was es bedeutet, eine Frau zu sein. Durch die Mutter gewinnt sie auch Zugang zu zumindest einigen Aspekten der archetypischen Mutter, der Großen Mutter, sowie zur Erfahrung des weiblichen Selbst. Der letzte Bereich wird in unserer Kultur im allgemeinen nicht gesehen und anerkannt.

Als Therapeutin, Lehrerin, Mutter und Tochter waren mir das tiefe Gefühl von Verwundung, das so viele Frauen hinsichtlich ihrer Mutter verspüren, und all das »Unerledigte«, das dieser Beziehung offensichtlich innewohnt, immer ein großes Anliegen. Auch ich war stets tief beeindruckt von der Heftigkeit und Hartnäckigkeit der Sehnsucht nach »mehr«, die ich sowohl von mir selbst als auch von anderen kenne. Wir sehnen uns nach einer Mutter, die uns alles geben kann, was wir von ihr brauchen, und die alles annehmen kann, was wir ihr gern geben möchten. Wir sehnen uns danach, sie lieben zu können, und in ihrem Blick ihre Liebe zu uns zu sehen. Wir sehnen uns danach, in unserem innersten Wesen erkannt und für das, was wir sind, gemocht zu werden von dieser Frau, die unser irdischer Ursprung und meistens auch unsere primäre Versorgerin ist. Selbst wenn sie uns mißhandelt hat und die Beziehung weiterhin unbefriedigend bleibt, oder wenn die Unterschiede eine breite, unüberbrückbare Kluft zwischen uns reißen, ist es uns fast unmöglich, sie völlig loszulassen. Auch Frauen, die die Beziehung zu ihren Müttern abgebrochen haben, sehnen sich weiterhin nach ihnen und wünschen sich immer noch, es gäbe die Möglichkeit, eine wirkliche Verbindung zu ihnen herzustellen. Wir kommen von unseren Müttern. Wir wurden von ihnen aufgezogen. Wir verspüren den starken Wunsch nach einer Bindung mit ihnen.

Diese beharrlich anhaltende Sehnsucht (zusammen mit den Verletzungen, dem Ärger und den Bedürfnissen, die wir in Hinsicht auf unsere Mütter empfinden, und die so viele von uns auch als Erwachsene weiterhin verspüren – das, was Adrienne Rich so treffend das »ungeheilte Kind« in uns genannt hat[1]) ist auch die Quelle eines tiefer gehenden Hungers. Der Hunger der ungeheilten Tochter hat einen kollektiven, archetypischen Kern. Unsere tiefste und weitreichendste Sehnsucht gilt einer umfassenderen Sicht der Frau, einer Sicht, die unser Herz und unsere Seele in ihrem wahren Kern mit mütterlichem Verständnis anerkennt. Wir brauchen eine solche Mutter, können sie aber nicht allein in einem einzigen menschlichen Wesen finden. Sie ist größer als unsere menschliche Mutter und hat breitere Schultern als die eine Frau in unserem Leben, die gebeten wurde, ihr Ausdruck zu verleihen.

In diesem Buch möchte ich die ganz menschlichen Probleme zwischen Müttern und Töchtern wieder mit ihren tieferen psychischen Wurzeln verbinden. Dieser Versuch ist in der Literatur einzigartig, weil er nicht nur eine Darstellung der vielen Stärken und Schwächen der Mutter-Tochter-Beziehung beinhaltet, sondern diese auch in einen transpersonalen Zusammenhang stellt und als Teil einer individuellen und kollektiven inneren Reise sieht. Die Schwierigkeiten, Verwundungen, Stärken und Freuden der Mutter-Tochter-Beziehung sind auch Teil einer tiefen spirituellen Suche von Frauen, einer Suche nach einem authentischeren weiblichen Quellengrund für ihr Leben. Diese Suche kann unbewußt sein, in unerfüllten menschlichen Sehnsüchten und ungelösten Konflikten durchschimmern oder sich in individuellen Visionen und Träumen spiegeln. Oder sie ist Teil eines wachsenden kollektiven Bewußtseins, wie es sich in der Frauenbewegung zeigt, in der sich ausbreitenden Literatur über weibliche Psychologie und im Auftauchen einer weiblichen Spiritualität, wie wir es vor allem in den letzten zehn Jahren erleben.

Ein Großteil des vorliegenden, nun in Buchform gebrachten Materials, wurde ursprünglich für die Arbeit mit erwachsenen Frauen zum Thema Mutter-Tochter-Beziehung entwickelt. Die Gruppen liefen meistens über einen Zeitraum von acht Wochen und fanden entweder privat statt oder im Rahmen der öffentlichen Programme für Erwachsenenbildung, wie sie verschiedene jungianische oder transpersonal orientierte Organisationen anbieten. Sie bestanden aus theoretischem Unterricht und aus persönlichen Gesprächen und umfaßten sowohl die wöchentliche Lektüre von Literatur über Mütter und Töchter als auch die Diskussion und den Austausch von eigenen Erfahrungen. In den meisten nichtakademischen Kursen, die ich leitete, habe ich versucht, außer der Gruppe als Forum für den gemeinsamen Austausch auch noch die Möglichkeit für eine innere Verarbeitung des Materials anzubieten, indem ich vorschlug, für die Dauer des Kurses ein persönliches Protokoll zu führen. Dieses Protokoll, das um »zentrale Fragen« kreiste, hatte zum Ziel, den Frauen zu helfen, sich beim jeweiligen Thema auf ihre eigenen Lebenserfahrungen zu konzentrieren. Das war besonders für die Frauen eine Hilfe, denen es schwerfiel, ihre persönlichen Erfahrungen öffentlich zu artikulieren, oder die sich mit inneren Prozessen wohler fühlten als mit den äußeren Abläufen in der Gruppe. Die Protokolle wurden nicht vor der ganzen Gruppe vorgetragen, auch wenn einige Frauen sich hin und wieder persönlich darauf bezogen, um sich Standpunkte zu verdeutlichen, die ich oder andere vertraten.

Dieses Buch geht weit über das hinaus, was ich in den Kursen unterrichtet habe, besonders was das erweiterte Material über die Göttin betrifft und das Einbeziehen von Träumen, Phantasien und weiterem therapeutischen Material. Geschichten von Freundinnen, Kursteilnehmerinnen, Frauen in der Therapie sowie meine eigenen Erfahrungen als Mutter, Tochter und Enkelin wurden den persönlichen Beispielen meiner Studentinnen beigefügt. Letzten Endes habe ich mir erhofft, mit dem Schreiben dieses Buches den Stoff zu erweitern und zu vertiefen und dabei trotzdem die breite Basis und Zugänglichkeit für viele zu erhalten, die ich als Lehrerin anstrebe.

Das Buch ist größtenteils aus dem Blickwinkel der Tochter geschrieben, dem gemeinsamen Strang der Frauen, da jede Frau Tochter einer Mutter ist. Trotzdem ist auch vieles in diesem Buch von unmittelbarer Wichtigkeit für die Mütter und das Bemuttern. Drei Perspektiven, von denen ich jede als entscheidend für eine ganzheitliche Sicht der Mutter betrachte, durchziehen das ganze Buch: die Sicht des Kindes, die dafür sorgt, daß die zentrale Stellung der Tochter sowie ihr Bedürfnis nach der Mutter erhalten bleibt; die feministische Sicht, die versucht, die Auswirkungen der kollektiven Umgebung auf die Mutter-Tochter-Beziehung zu berücksichtigen; und eine transpersonale Sicht der Mutter, die das menschliche Bemuttern auf dem Hintergrund des Archetyps der Großen Mutter betrachtet. Letzten Endes richtet dieses Buch sich an die ungeheilte Tochter in jeder von uns und will ihr helfen, besser verstehen zu können, welche Erfahrungen *sie* in diesem breiteren und tieferen Zusammenhang gemacht hat, damit sie effektiver bestimmen kann, was sie *nicht* erlebt hat und für sich noch zu ihrer Erfüllung braucht.

1 Drei Perspektiven

Für eine umfassende Betrachtung der Mutter-Tochter-Beziehung benötigen wir drei Sichtweisen. Die Perspektiven, die sich für mich beim Unterrichten und bei der therapeutischen Behandlung von Frauen als die hilfreichsten erwiesen haben, sind die des Kindes, eine feministische sowie eine transpersonale Sicht. Mit Hilfe dieser drei Perspektiven können wir das Bild der Mutter immer umfassender und tiefergehender zeichnen. Jede Perspektive hat ihre Vorteile und Grenzen, und jede ist von entscheidender Bedeutung dafür, daß die Tochter ihr inneres und äußeres Erleben der Mutter begreifen kann.

Bei der ersten Sichtweise betrachtet die Tochter ihre Mutter mit den Augen eines Kindes und auf der Basis des Abhängigkeitsgeschehens, das ihre anfängliche Beziehung zur Mutter prägt. Die meisten Frauen sehen ihre Mütter auf der einen oder anderen Ebene aus dieser Perspektive, auch wenn sie sich durch das nachfolgende Lernen und Überlegen einen erwachseneren Standpunkt aneignen, der ein breiteres Bild berücksichtigt.

Die Tochter, die mit den Augen eines Kindes wahrnimmt, stellt mehrere Vermutungen über ihre Mutter an. Erstens nimmt sie an, daß ihre Mutter wirklich Macht hat oder haben könnte, wenn sie wollte. Zweitens glaubt sie, daß die Mutter die Kontrolle über ihr Leben hat, weil sie erwachsen ist. Selbst eine Frau, die gelernt hat, die persönlichen und gesellschaftlichen Faktoren einzubeziehen, die den Erziehungsstil ihrer Mutter prägten, kann zu dieser frühen Sichtweise zurückkehren, wenn sie über ihre Kindheit nachdenkt. So war eine der Universitätsstudentinnen, mit der ich therapeutisch gearbeitet habe – eine begabte, reife junge Frau, die mit beiden Eltern gut zurechtkam und besonders ihrer Mutter viel Einfühlungsvermögen entgegenbrachte –, völlig verblüfft über den neu auftauchenden Groll ihrer Mutter darüber, daß diese »in ihrem Leben niemals getan hatte, was sie wirklich tun wollte«. Die Tochter erzählte mir, daß sie immer geglaubt habe, ihre Mutter hätte stets genau das getan, was sie tun wollte. Ein weiteres Nachdenken über ihre Reaktion führte sie zu der Erkenntnis, daß ein Teil von ihr sich durch die Äußerung der Mutter verletzt fühlte und Angst hatte, weil sie an dem Glauben festhalten wollte, daß ihre Mutter immer die Macht gehabt habe, das zu tun, was sie tun wollte. Wenn die Vollzeitbemutterung der Mutter nicht das gewesen war, was sie in ihrem Leben hatte tun wollen, was hieß das dann für die Tochter, besonders da diese doch die Erfahrung gemacht hatte, sich sehr umsorgt und geliebt zu fühlen? Die Sicherheit ihrer Kindheitserfahrungen wurde durch die Enthüllung ihrer Mutter bedroht, und insgeheim befürchtete die Tochter, daß ihre Mutter auch einen Groll gegen sie hegte, wenn sie ärgerlich darüber war, ausschließlich Mutter gewesen zu sein. Wenn sie sich das Bild ihrer Mutter als einer allmächtigen Person bewahrte, konnte sie auch das Gefühl ihres kindlichen Selbst behalten, die gegebene Zuwendung verdient zu haben.

Die Sicht des Kindes ist egozentrisch; es bewertet das mütterliche Verhalten danach, wie es sich auf das Kind ausgewirkt hat und ob die Bedürfnisse und Wünsche der Tochter erfüllt wurden oder nicht. Sämtliche positiven Erfahrungen werden als gut und »richtig« betrachtet, und darin liegt Wahrheit, denn für das Kind *war* das richtig. Sämtliche negativen Erfahrungen (d.h. die Abwesenheit der Mutter, ihre Zerstreutheit oder ihr Ärger) werden als persönlich gegen die Tochter gerichtet wahrgenommen, selbst wenn das offensichtlich nicht der Fall ist (wie wenn die Mutter zum Beispiel abwesend ist, weil sie sich aufgrund einer geistigen oder körperlichen Krankheit im Krankenhaus befindet). Außerdem glaubt das Kind, daß es grundsätzlich möglich war (und ist), daß die Mutter seine sämtlichen berechtigten Bedürfnisse erfüllt, »wenn nur…« So manche erwachsene Tochter hat eine ganze Liste von »wenn nurs« auf Lager, um ihren Kindheitsglauben zu stützen, daß die Mutter ihr das meiste oder alles hätte geben können, was sie brauchte. »Wenn ich nur eine bessere Tochter gewesen wäre«; »wenn sie nur nicht ganztags gearbeitet hätte«; »wenn sie nur aufgehört hätte, mir Vorträge zu halten«; »wenn sie sich nur nicht so viel Sorgen um Äußerlichkeiten gemacht hätte« – und jedes dieser »wenn nurs« schließt damit: »*dann* wäre sie die Mutter, die ich haben wollte«, oder »*dann* könnten wir schließlich doch noch eine Beziehung zueinander haben«.

Die Perspektive des Kindes ist einerseits eine natürliche Folge dessen, daß die *wahren* Bedürfnisse des Kindes ernst genommen und bestätigt werden, Bedürfnisse, auf die wir auch als Erwachsene achten müssen, weil sie berechtigt und lebenswichtig sind. Wenn wir diese Bedürfnisse und diesen Teil von uns achten, tragen wir zu einem gesunden Ich bei sowie zu unserem Gefühl der Ganzheit und unserem Selbstwertgefühl als Erwachsene; Frauen, die ihre kindliche Perspektive unterdrücken oder verleugnen, geht ein entscheidender Teil von sich verloren. Solche Frauen sind oft unfähig, für sich selbst gut zu sorgen oder von anderen Fürsorge anzunehmen. Auf der anderen Seite ist die Kindperspektive der Mutter durchdrungen von der Abhängigkeitsdynamik, die typisch ist für die patriarchalisch geprägte Aufzucht von Kindern, bei der die Mutter meistens die einzige Versorgerin ist oder sich der allgemeinen Erwartung gegenübersieht, die »ständig Gebende« zu sein und auch von allen als solche betrachtet wird.[2] (Wir neigen dazu, mit Großmüttern, Tanten und selbst mit Vätern nachsichtiger zu sein. Auch wenn diese eine entscheidende Rolle in unserem Leben gespielt haben, erwarten wir von ihnen nicht, daß sie für unsere sämtlichen Bedürfnisse emotional verantwortlich sind.) So wird diese Perspektive auch von kulturellen Klischeevorstellungen und den allgemeinen Erwartungen unterstützt, was eine Mutter geben kann und zu geben hat: Unterstützung, Nahrung, Selbstlosigkeit, unendliche Fürsorge für das Kind und so weiter.

Das Problem dabei ist, daß *niemand* all das erfüllen kann; die Erwartungen an Mütter sind unmenschlich, und doch können wir uns damit an niemand anderen richten. Ein Mann, der in der Beziehung zu seinem leiblichen Vater enttäuscht oder verletzt wurde, findet manchmal seinen Weg zu einem »himmlischen« Vater, einem Götterbild, das die übermenschlichen Erwartungen auf sich nehmen kann. Wir jedoch hatten als Töchter in einer Kultur, die uns kein

Göttinnenbild bietet, keine andere Stelle, an die wir uns wenden konnten.

Viele von uns sind noch nicht einmal ausreichend bemuttert worden und weit davon entfernt, eine ideale Situation erlebt zu haben; viele unserer Mütter sind selbst ihrer Kraft völlig beraubt worden. So sind wir schließlich enttäuscht von unseren Müttern, verletzt, wütend, vorwurfsvoll, bedürftig, wir toben und sind trotzdem nicht imstande, unser Bedürfnis nach ihnen loszulassen. Wir fühlen uns emotional ausgehungert und versuchen das zu überspielen. Wir haben entsetzliche Angst, so wie unsere Mütter zu werden, und schwören, es mit unseren Kindern anders zu machen. Und schließlich fühlen wir uns unseren Mütter entfremdet und uns selbst entfremdet. Wir tragen ein ungeheiltes Kind mit uns herum, ein Gefühl der Verwundung und der Sehnsucht, das scheinbar keine Richtung hat. Uns mit diesem Kind in uns zu identifizieren, seine Sicht zu erweitern und ihm Heilungsmöglichkeiten zuzuführen – das sind die grundlegenden Themen dieses Buches.

Die Sicht des Kindes von der Mutter-Tochter-Beziehung ist ebenso wertvoll wie begrenzt. Sie ist wertvoll, weil sie uns erlaubt, uns berechtigte Bedürfnisse wie das nach Aufmerksamkeit, Zuwendung, Fürsorge und primärer Bindung zu bewahren; diese Bedürfnisse gelten auch für den Erwachsenen und sollten nicht abgetan werden. Mit dieser Perspektive halten wir auch das Gefühl aufrecht, wichtig und zentral zu sein, ein Geburtsrecht, das Frauen nicht leicht realisieren in einer Kultur, die sie so oft ermahnt hat, anderen den Vorrang zu geben. Die Position des Kindes tritt sowohl der körperlichen als auch der kulturellen Erfahrung von Abwertung und psychologischer »Dezentralisierung« von Frauen entgegen und entschädigt sie dafür. Sie erlaubt uns die Konzentration auf uns selbst. Auch das Toben und die Vorwürfe, die oft zum Vorschein kommen, wenn uns das ungeheilte Kind bewußt wird, sind wahrscheinlich notwendig, nicht als Endpunkt (und leider bleiben viele Töchter hier stehen), sondern als Möglichkeit, sich von der Mutter getrennt zu erleben und sich ihr gegenüber zu behaupten, und als Basis für ein berechtigtes Selbstinteresse und die Selbstbehauptung generell. Diese Konzentration auf die eigene Person und das Bestehen auf

16

den wahren eigenen Bedürfnissen sind nötig, um ein gesundes Ich zu fördern, das die erwachsene Frau nähren und erhalten kann.

Und zugleich ist der Blickwinkel des Kindes begrenzt. Das Kind sieht die Mutter nicht als eigenständige Person mit Bedürfnissen, Interessen und Sorgen, die mit dem Kind nichts zu tun haben. Es berücksichtigt auch nicht die wichtigen Umstände, die das Leben der Mutter und ihre Fähigkeit, für das Kind da zu sein, beeinträchtigen, wie zum Beispiel die ökonomische Situation, die Art von Unterstützung, die die Mutter selbst erfährt, sowie ihre eigenen Erfahrungen mit dem Bemutterwerden. Es übersieht auch die Auswirkungen, die kulturelle Erwartungen an und Rollenklischees von Müttern auf das Verhalten der Mutter dem Kind gegenüber haben (so kann sie zum Beispiel ein falsches Selbst leben, weil sie sich so verhält, wie sie glaubt, sein zu »müssen«). Und schließlich zeichnet die kindliche Perspektive ein unmenschliches Bild von der Mutter. Aus dieser Sicht gehen wir davon aus, daß die Mutter irgendwie an die Bedürfnisse der Tochter »gebunden« ist, keine eigenen Bedürfnisse hat, die denen der Tochter entgegenstehen, und außerdem über nahezu unendliche Kraftreserven verfügt.

Eine zweite Perspektive, bei der wir unsere Mütter mit »feministischen Augen« betrachten, erweitert die Sicht des Kindes. Dieser außerordentlich wertvolle und notwendige Gesichtspunkt ist eine erwachsene Perspektive, die in einem anderen Kräftespiel wurzelt als dem des Kindes. Aus dieser Situation heraus wird die Mutter zu einem gleichwertigen Menschen, einer »Schwester«, einer Frau wie wir selbst. Außerdem wird der Versuch gemacht, dieses ganz eigene menschliche Wesen unabhängig vom kulturellen Bild der »Mutter« und der Institution der Mutterschaft zu sehen.[3] Kulturelle Umstände und Einflüsse der Umgebung werden berücksichtigt, und das Mutterverhalten wird ebenso als Reaktion auf diese Faktoren betrachtet wie als die Hervorbringung der eigenen Persönlichkeit der Mutter und ihrer individuellen Fähigkeiten. Wenn sie sich zum Beispiel an die tatsächliche oder emotionale Abwesenheit der Mutter erinnert, die sie als Kind schmerzlich empfunden hat, ist die Tochter jetzt in der Lage, ein umfassenderes Bild vom Leben der Mutter zu berücksichtigen. Sie kann als Erwachsene den ökonomischen Zwang verstehen, der ihre Mutter nötigte, lange Stunden außer Haus zu arbeiten. Vielleicht erkennt sie auch, daß ihre Mutter mehr Kinder hatte, als ihre Zeit und ihre Kräfte ihr erlaubten, weil sie sich einem kollektiven Ideal unterwarf. Sie mag auch sehen, daß einige mütterliche Verhaltensmuster der Mutter Wiederholungen von Verhaltensweisen ihrer Großmutter waren. Und sie erkennt vielleicht, daß beide Frauen in ihrer Mutterrolle zum Teil die Kultur widerspiegelten, die daran interessiert ist, sich zu reproduzieren, und deren Werte Mütter im Sozialisationsprozeß an ihre Kinder den gesellschaftlichen Erwartungen zufolge weitergeben sollen (das heißt, die Vorbereitung auf und Einführung in die Werte und Normen der Gesellschaft).[4]

So manche Mutter ist gegen ihre eigenen Instinkte und ihre eigenen Vorlieben vorgegangen, um sich den sogenannten »Experten« zu unterwerfen, weil sie ihr Kind natürlich »richtig« aufziehen wollte, und man nicht von ihr erwartete, daß sie aus eigenem Instinkt oder eigener Autorität bestimmen konnte, was richtig war. Ich kann mich gut an die Zeit erinnern, als meine Tochter noch klein war und immer sehr schlecht schlafen konnte, wenn sie krank war. Die ganz Nacht stand ich mit ihr zusammen auf und legte mich wieder hin, bis ich mit fortschreitender Nacht immer gereizter und erschöpfter wurde. Ich dachte daran, sie zu mir ins Bett zu nehmen, was mir ganz natürlich vorkam, aber dann fiel mir Dr. Spocks Warnung ein, welch schlechte Gewohnheit dieses Verhalten nach sich ziehen würde. Da ich mir meiner selbst als Mutter unsicher war und mir einredete, nichts über Kinder zu wissen, weil ich selbst Einzelkind gewesen war, folgte ich seinem Diktum. (Mir kam nie in den Sinn, die Frage zu stellen, ob Spock selbst jemals die ganze Nacht über mit einem kranken Baby gewacht hatte und am nächsten Morgen noch mit einem zweijährigen Kind zurechtkommen mußte.) Schließlich konnte ich mich in einer Nacht kaum mehr auf den Beinen halten und legte Rachele neben mich ins Bett, damit ich mich wenigstens hinlegen konnte. Durch den Trost meiner Gegenwart und der Nähe zu meinem Körper schlief sie sofort ein und schlief, obwohl sie noch krank war, die ganze Nacht durch.

Die feministische Perspektive ist wertvoll, weil sie der Tochter erlaubt, ihr sorgendes Mitgefühl auf die Mutter auszuweiten und diese als begrenzte Erwachsene statt als Idealbild zu betrachten. Diese Sicht berücksichtigt zahlreiche kulturelle, gesellschaftliche und auch persönliche Umstände, die das Muttersein beeinflussen. Die feministische Perspektive würdigt und schätzt auch die Frauen, die im Leben der Tochter als »Gegen-Mütter«[5] gedient haben: Großmütter, Tanten, Kindermädchen, Lehrerinnen und andere Frauen, die die mütterliche Fürsorge ergänzt oder eine Alternative zu ihr geboten haben. Dank der Gegenwart solcher Mütter in unserem Leben konnten wir die Bedürfnisse des ungeheilten Kindes auf viele »Mütter« verteilen, so daß diese aus mehreren verschiedenen Quellen der Fürsorge befriedigt werden konnten. Eine Frau aus einem meiner Mutter-Tochter-Kurse, deren Mutter während des Heranwachsens der Tochter oft psychisch krank gewesen war, erkannte plötzlich, wieviel Zuwendung sie von einer ihrer Tanten erhalten hatte; sie hatte das zuvor niemals als »Bemutterung« empfunden, und nahm sofort Kontakt mit ihrer Tante auf, um sich bei ihr zu bedanken.

Die Begrenzung dieser Perspektive liegt darin, daß andere ganz persönliche Züge der Mutter möglicherweise übersehen werden, wie zum Beispiel Unterschiede im Temperament oder in der Psyche, die nicht durch die Umgebung bestimmt sind (etwa wenn die Mutter extravertiert, die Tochter hingegen introvertiert ist oder umgekehrt). Außerdem könnten einige Frauen trotz der Tatsache, daß der Feminismus zur Eigenliebe aufgerufen und diese gefördert hat, ihre feministische Sichtweise dazu benutzen, sich von ihrem ungeheilten inneren Kind abzugrenzen, ihr Mitgefühl ausschließlich auf ihre Mütter zu richten und die eigenen berechtigten unerfüllten Bedürfnisse auszuklammern.

Manchmal müssen Frauen, die ihre Kindperspektive in Hinsicht auf ihre Erfahrungen mit ihren Müttern aufgegeben haben, ermutigt werden, diese wieder einzunehmen, damit sie den kostbaren Teil von sich ans Licht bringen und durcharbeiten können, der mit dem kindlichen Selbst zusammen weggesperrt und unterdrückt wurde. Eine Frau, die von ihrem Vater mit Wissen der Mutter schwer miß-

braucht worden war, wehrte sich dagegen, ihre Mutter in irgendei-
ner Weise negativ zu sehen. Auch ihre Mutter war mißbraucht worden, sagte sie; sie waren arm, und ihre Mutter ging einer Arbeit
nach, damit sie die Familie unterhalten konnte, wenn der Vater das
nicht tat oder nicht dazu in der Lage war. All das war auf seiten der
Mutter bewundernswert und – aus der stark feministischen Perspektive meiner Patientin betrachtet – eine mitfühlende Sicht der Umstände, mit denen ihre Mutter zu kämpfen hatte. Was diesem Bild
fehlte, war aber, daß sie sich selbst das gleiche Mitgefühl entgegenbrachte und ihre eigenen Bedürfnisse und ihren eigenen Schmerz
ebenso tief empfand, wie sie mit ihrer Mutter mitfühlte.

Wir müssen unsere Mutter nicht verunglimpfen, um mehrere Standpunkte gleichzeitig einnehmen zu können, selbst wenn die Inhalte
dieser Standpunkte aufeinanderprallen. Wir können lernen, tiefes
Mitleid, Sorge und sogar Empörung für die Anliegen des Kindes zu
fühlen, das wir einmal waren, ganz gleich wie berechtigt oder un-
vermeidlich die Umstände waren, die zu seiner Mißhandlung oder
Vernachlässigung führten.[6] Das Kind kümmert sich in seinem Zorn
und seiner Egozentrik nicht darum, was mit der Mutter in deren
eigenem Leben geschieht, und sollte dazu auch nicht aufgefordert
werden; seine Wut darüber, mißhandelt zu werden oder seine Bedürfnisse nicht erfüllt zu bekommen, sollten als Teil seines Rechtes
bestätigt werden, in dieser Welt wichtig und als menschliches Wesen von Wert zu sein. Wenn eine Frau diese Gefühle unterdrückt
oder verneint, geht noch sehr viel mehr verloren: ihr inneres Wert-
gefühl als menschliches Wesen, die Fähigkeit, genau zu bestimmen,
was in ihrer Umgebung oder an anderen Menschen für sie gefährlich ist, die Möglichkeit, auf diese Gefahren mit Selbstschutz zu
reagieren, und viel von der Spontaneität des Kindes und seinem
leidenschaftlichen Interesse an sich selbst. Eine Frau, die ihre kindlichen Bedürfnisse und Blickwinkel unterdrückt hat, wird es fast
unmöglich finden, angemessen für sich zu sorgen oder sich wirklich
zu mögen. Ihr Wahrnehmungsvermögen und warmes Mitgefühl für
andere mag außerordentlich gut entwickelt sein; sie kann sich um
alle wunderbar kümmern, nur nicht um sich selbst. Wenn sie auf
Kosten ihres eigenen Wertes für den der Mutter eintritt, spiegelt das

exakt ihre wahre Situation: daß keine wirkliche *Mutter* für sie da ist. Sie war in der Vergangenheit nicht da und ist auch in der Gegenwart innerlich nicht da. Der Mensch, der sein kindliches Selbst unterdrückt hat und seine eigenen Erfahrungen nicht vertreten kann, wächst zu einem Erwachsenen heran, der weiterhin ohne Bemutterung bleiben muß, der die Unterstützung und Liebe von anderen nicht annehmen kann, weil es ihm nicht möglich ist, das Recht auf diese Zuwendung zu beanspruchen – weder für die Gegenwart noch für die Vergangenheit.

Wenn wir nur durch die feministische Brille schauen, verzerren wir das Bild. Was in der Geschichte meiner Patientin fehlte, waren die anderen Aspekte des Verhaltens ihrer Mutter. Die Mutter unternahm keinen Versuch, den Vater davon abzuhalten, seine Tochter zu schlagen und zu vergewaltigen; und außerdem wendete die Mutter sich gegen die Tochter und schlug mit dem Vater zusammen auf sie ein, wenn diese versuchte, den Vater davon abzuhalten, die Mutter zu schlagen. Man kann die Zwänge im Leben dieser Mutter, die sie davon abhielten, die Tochter zu schützen und mit ihr zu fühlen, gewiß nicht abtun; aber wenn wir durch das geschlagene Kind nicht alarmiert und in Sorge versetzt werden, heißt das einverstanden zu sein mit dem Herabspielen der eigenen berechtigten Bedürfnisse nach einer stärkeren mütterlichen Präsenz, als sie selbst sich geben konnte.

Während eine Frau, die ihre Mutter nur aus dem kindlichen Blickwinkel wahrnimmt, vielleicht lernen muß, die feministische Sicht hinzuzunehmen, um ihr Bild von der Mutter und ihr Verständnis für diese zu erweitern, muß eine Frau, die lediglich den feministischen Standpunkt vertritt, wahrscheinlich den des Kindes finden oder wieder einnehmen. Ich versuche nicht, diese beiden Sichtweisen gegeneinander auszuspielen, sondern weise lediglich darauf hin, daß beide notwendig sind, um uns das ganze Bild zu erarbeiten, bei dem sowohl die Mutter als auch die Tochter angemessen gesehen und geschätzt werden, aber keine auf Kosten der anderen. Beide Sichtweisen gleichzeitig einzunehmen heißt, eine gewisse Spannung aushalten zu müssen, weil es ziemlich schwer (und aus therapeutischer Sicht gesehen auch nicht unbedingt nützlich) ist, Mitgefühl für einen anderen Menschen und gleichzeitig Empörung in Hinsicht auf die eigenen Belange zu empfinden. Bei weniger extremen Erfahrungen als der hier geschilderten ist es vielleicht eher möglich, beide Gesichtspunkte gleichzeitig zu berücksichtigen. Aber in jedem Fall sind beide von entscheidender Bedeutung, wenn wir nicht einige ganz kostbare Aspekte der Realität der Tochter verlieren wollen.[7]

Eine dritte Sicht der Mutter-Tochter-Beziehung betrachtet Mutter und Tochter noch einmal neu auf der Grundlage einer transpersonalen Orientierung. Aus dieser Perspektive werden die Bedürfnisse des Kindes ernsthaft berücksichtigt und wahrgenommen sowie für berechtigt gehalten, aber sie werden nicht mehr nur der körperlichen Mutter aufgeladen. Sie werden auch in Bezug zu einer transpersonalen Ebene gesetzt, zur spirituellen Wesenheit der Großen Mutter, wie sie sich in ihren zahlreichen Aspekten in anderen menschlichen Wesen manifestiert und sowohl in uralten als auch in gegenwärtigen Visionen und Träumen erscheint. Diese Perspektive ergänzt und erweitert das feministische Wissen darum, daß uns auch noch andere Quellen zur Verfügung stehen, und daß »Mutter« über die persönliche Erfahrung mit einer Frau hinausgeht. Wenn wir uns auch an andere Quellen wenden können und unsere Bedürfnisse nicht abgewertet werden, ist es leichter, unsere persönliche Mutter ins richtige Blickfeld zu rücken; wir können ihre Grenzen besser akzeptieren, weil wir nicht nur die »eine Chance« haben.

Die transpersonale Perspektive erlaubt uns auch, das kulturelle Klischee von der »Mutter« noch einmal neu zu betrachten und zu bewahren, nicht als realistisches Ideal, von dem wir erwarten können, daß ein menschliches Wesen es erfüllt, sondern als Teil einer Vision vom Weiblichen als Gottheit, die seit Tausenden von Jahren existiert und Teil unseres inneren und äußeren Erbes ist. Die Frau, die unendliche Unterstützung, Zuwendung und selbstlose Fürsorge gibt, die andere nähren kann, ohne selbst genährt werden zu müssen – das Bild eines dermaßen großen Überflusses –, ist ein archetypisches Bild. Es wohnt in den tiefsten und kollektivsten Schichten der Psyche und findet seinen lebhaftesten Ausdruck in den bildlichen Vorstellungen vorpatriarchalischer Religionen von vor Tausenden von Jahren.

Wir machen als Kultur den Fehler zu erwarten, daß eine menschliche Frau dieser Archetyp *ist* und darüber hinaus auch noch ausschließlich den Aspekt des Mutter-Archetyps verkörpert, den wir als positiv betrachten. Das kulturelle Klischee von der »guten Mutter« ist nur ein Teil einer viel umfassenderen Wesenheit: der Archetyp ist sehr viel komplizierter und doppeldeutiger, als wir es uns wünschen. Die Große Mutter hat sowohl eine gütige als auch eine schreckliche Seite, und eine davon oder beide können sowohl durch unsere leiblichen Mütter als auch durch uns oder andere Frauen in Erscheinung treten. Wir haben nicht die Wahl, und das gilt in einem ganz realen Ausmaß auch für unsere Mütter. Eine Frau kann aus sich nicht einfach dadurch eine gute archetypische Mutter *machen*, daß sie sich dazu bereit erklärt, ganz gleich, wie sehr sie sich auch anstrengt. Die Tatsache, daß von Frauen erwartet wird, das zu tun und die Macht dazu zu haben, ist eines der Hauptprobleme in heutigen menschlichen Beziehungen, und sich von solchen Erwartungen abzugrenzen stellt eine zentrale Aufgabe für die Individuation der modernen Frau dar. Die Erfahrung zu machen, daß wir den Archetyp in uns tragen und uns auf ihn beziehen, ihn aber nicht dirigieren können – und zu wissen, daß wir zugleich nicht der Archetyp sind, weder so mächtig noch so allumfassend und unbegrenzt –, ist die kulturelle Lektion, die Mütter wie Töchter lernen müssen.

Wir können allerdings beschließen, uns ganz bewußt auf die archetypische Mutter zu *beziehen*, um mit dem Erbe einer spirituellen Vision in Kontakt zu kommen, das uns allen gehört, durch die destruktiven Aspekte der patriarchalischen Kultur jedoch aus unserem kollektiven Bewußtsein ausgemerzt wurde. Wenn wir die Verbindung zu diesem Erbe herstellen, schaffen wir die Möglichkeit, uns wieder mit einer Zeit zu verbinden, die unbeeinflußt war von der patriarchalischen Sicht der Frau, einer Zeit, in der das »Weibliche« als umfassend, vielschichtig und wertvoll erfahren wurde – so wertvoll, daß es als göttliches Bild erschien. Ob wir dieses Erbe und sein Wiederauftauchen in der heutigen Zeit nun als Geschichte betrachten, aus der wir Bildnisse und Anregungen schöpfen können, als Spiegelung von Kräften in und zwischen uns oder als spirituelles

Bildnis – als lebende Göttin, deren Kinder wir sind –, auf jeden Fall können wir durch die Verbindung mit dieser Perspektive dahin kommen, unsere Mütter und uns selbst anders zu sehen. Wir können erkennen, welche Züge der Großen Mutter, was von ihrem Glanz und ihrem Schrecken uns durch unsere eigene Muttererfahrung erreicht, und Fragen nach der tieferen Bedeutung stellen. Außerdem können wir uns die Aspekte heraussuchen, die wir nicht erfahren haben, die wir aber für unsere Heilung und Ganzheit brauchen. Mit Hilfe dieser Sicht können wir allmählich zu unseren eigenen Töchtern werden, uns gegenseitig Töchter sein sowie die Töchter einer Mutter, die so umfassend ist, wie wir unsere Sicht erweitern können.

Es stimmt, daß in diesem Prozeß auch etwas verloren geht; unsere leiblichen Mütter können die Last der »Größe« nicht mehr tragen, die wir ihnen verliehen haben, und wir können auch nicht mehr von ihnen erwarten, daß sie die einzige Verkörperung der Mutter sind, die unser Körper und unsere Seele brauchen; aber dafür gewinnen wir den ganzen Reichtum der transpersonalen Welt.

Das Wissen um die Erscheinungsformen und Geschichten von der Großen Mutter liefert uns Bilder und Vorbilder und verbindet uns über Zeit und Kultur hinweg mit weiblichen Quellen und einer Vielzahl von verschiedenen »Stilen« von Weiblichkeit. Meditation, Phantasiespiele, Kunst und Gebet schaffen Möglichkeiten dafür, daß die Große Mutter uns geben kann, was unsere körperlichen Mütter uns oft nicht geben konnten.

Jede Perspektive, die in diesem Kapitel geschildert wurde, eröffnet uns einen Zugang zur Mutter. Die Kindheitsperspektive stellt für jeden von uns eine persönliche Verbindung zu einer Mutter als menschlichem Wesen dar. Die feministische Perspektive bringt uns mit anderen Frauen in unserer Kultur in Beziehung und sieht unsere Mütter in einem kulturellen Rahmen. Die transpersonale Perspektive geht darüber hinaus, um eine zeitlose Verbindung zu einer spirituellen Quelle und zu anderen Menschen herzustellen.

Zusammenfassend kann gesagt werden: Die *Kindperspektive* sieht die Mutter egozentrisch und glaubt daran, daß diese allmächtig und in der Lage ist, die Bedürfnisse der Tochter zu erfüllen. Die Mutter wird nicht als Individuum betrachtet und auch nicht als Mensch, der durch innere und äußere Umstände eingeschränkt wird. Die großen Erwartungen, die wir ihr aus dieser Perspektive entgegenbringen, werden selten erfüllt; auf diesem Boden wächst das ungeheilte Kind heran, das voller Wut, Vorwürfe, Verletzungen und Bedürfnisse ist. Obgleich frustrierend und zu eng, ist das ungeheilte Kind doch eine reale innere Erfahrung, die wertvoll ist, weil sie uns hilft, die Wichtigkeit unseres Selbst zu finden und zu behaupten. Die *feministische Perspektive* rückt die Mutter in einen sozialen und kulturellen Zusammenhang und berücksichtigt sowohl deren persönliche Schwierigkeiten als auch den Druck, den ihre Umgebung auf sie ausübt. Die feministische Perspektive kann zu einem objektiven Verständnis der Mutter als begrenztes menschliches Wesen führen, beinhaltet jedoch das Risiko, daß wir die Verbindung zu dem ungeheilten Kind verlieren. Die *transpersonale Perspektive* betrachtet sowohl die Mutter als auch die Tochter auf dem Hintergrund eines reichen spirituellen Erbes. Hier wird von der Mutter nicht mehr verlangt, daß sie die alleinige Trägerin des Archetyps ist; Kraftquellen finden sich auch in anderen Frauen, in der Geschichte und in spirituellen Bezügen.

Alle drei Perspektiven unterstützen uns in unserem Bedürfnis nach Ganzheit. Die kindliche und die feministische Perspektive sind in den nächsten fünf Kapiteln vorherrschend, in denen die persönliche Erfahrung der Mutter, die Faktoren, die ihr Leben beeinträchtigen, und das ungeheilte Kind im Mittelpunkt stehen. Diese Betrachtungen führen zu den neu überdachten, heilenden Möglichkeiten und der transpersonalen Ausrichtung der nachfolgenden drei Kapitel.

2 Positive Bindungen

Der Duft von Lipton Tee kann noch immer die Gegenwart meiner Großmutter heraufbeschwören. Ich erinnere mich an ihren Geruch, wie ihre Kleider sich anfühlten, wenn ich sie berührte, die dicken Strümpfe und festen Schuhe, die sie trug. Sie war es, die kochte und saubermachte, die die Pflanzen und Tiere versorgte. Ich erinnere mich noch daran, wie ich die Apfelschalen aß, wenn sie Äpfel für einen Kuchen vorbereitete, und meine eigenen Küchlein aus den Teigresten formte. Ich weiß noch die Namen der Speisen aus ihrer österreichisch-ungarischen Heimat. Butterhörnchen, Schmarrn, Äpfel im Schlafrock. Meine Eltern betrachteten sie als pedantische Perfektionistin, die auf Sauberkeit und Ordnung beharrte; ich weiß noch, wie ihre Kleider, Gesicht und Brille voller Tomatenspritzer waren, wenn sie in das jährliche Einwecken vertieft war, Hände und Knie schmutzverkrustet von der Gartenarbeit.

Meine Oma war meine eigentliche Mutter, nicht nur weil sie mehr da war als meine berufstätige Mutter und mich als Kind hauptsächlich versorgte, sondern weil sie mich auch im Gegensatz zu meiner Mutter, die distanziert, abweisend und oft emotional verletzend war, an ihrem Leben teilhaben ließ und ebenso an meinem Leben teilnahm. Ich saß morgens gern auf ihrem Bett und sah zu, wie sie ihr langes, dünnes Haar geschickt zu dem Knoten schlang, den sie trug. Sie war es, die mir erlaubte, mit unverhüllter Neugierde ihren alternden, nackten Körper zu betrachten. Meine Mutter hingegen wich entsetzt zurück, als ich sie zum ersten und letzten Mal aufgeregt fragte, ob ich mal ihre Brüste sehen dürfte, um zu wissen, wie meine später aussehen würden, als ich feststellte, daß meine Brüste wuchsen. Ich erinnere mich an die Hände meiner Großmutter mit den vortretenden Adern auf dem Handrücken. Sie erzählte mir, das sei ein Zeichen schwerer Arbeit, und jahrelang war ich verzweifelt über

26

meine eigenen weichen Hände, denn auch ich wollte so gern eine schwer arbeitende Frau sein. Als ich mich so allein fühlte und mich verzweifelt nach einem Bruder oder einer Schwester sehnte, kaufte sie mir einen Hund. Als ich eine Zeit durchmachte, wo ich mich sehr um meine Gesundheit sorgte, schenkte sie mir eine Halskette mit lachsfarbenen Perlen. Jedesmal wenn ich krank werden würde, sagte sie, würden die Perlen verblassen. Ich beobachtete die Perlen genau, glaubte an ihre beharrlich gleichbleibende Farbe und konnte dank der Stärke der Magie meiner Großmutter meine Ängstlichkeit überwinden.

Ihr Garten war ihre ganze Leidenschaft; nur hier war sie ohne die Melancholie, in die sie versank, wenn sie erkannte, daß sie im Hause meiner Eltern lediglich die »Haushälterin« war; nur hier war sie wirklich sie selbst, still vertieft und frei. Von ihr lernte ich ein wortloses Schwelgen in ekstatischer, sinnlicher Schönheit: Farben, Düfte, außergewöhnliche und raffinierte Formen. Erst kürzlich wurde mir bewußt, daß meine eigene tiefe Verbindung zur Natur, durch die mein spirituelles Leben in der Kindheit wachgerufen wurde und die dieses charakterisierte, seinen Ursprung in ihrer respektvollen Verehrung für ihren Garten hat.

Meine Großmutter prägte die Welt meiner Kindheit: Essen, Körper, Glaube und Magie, Sinnlichkeit – all das gehörte ebenso zu ihr wie zu der noch größeren und geheimnisvolleren Welt der Natur. Ich lebte nach ihren Rhythmen, ihren Regeln, ihrer Großzügigkeit und ihren Grenzen. Dieses Leben war nicht ideal. Sie war über sechzig, als ich geboren wurde. In gewisser Weise war mir immer bewußt, daß es an diesem Punkt ihres Lebens für sie einfach zuviel war, noch ein Kind großzuziehen. So konnte sie zum Beispiel die Anwesenheit anderer Kinder nicht ertragen. Ihr Gefühl, für sie ebenso verantwortlich zu sein wie für mich, machte sie nervös und streng, obgleich sie selbst hier manchmal versuchte, über ihre Schwierigkeiten hinwegzusehen, wenn sie meine Sehnsucht und meine Einsamkeit wahrnahm.

Diese starke und tiefe positive Bindung wurde für immer gestört, als bei meiner Großmutter eine Psychose auftrat, die unbehandelt blieb. Ich war damals gerade in der Pubertät, und ihre Krankheit spielte uns beiden übel mit, schickte sie in ihre wahnhafte Isolation und mich zu meinen psychologischen Büchern. Noch lange Jahre danach konnte ich mich fast überhaupt nicht an die Gegenwart meiner Großmutter in meinem Leben erinnern, selbst in meiner Therapie nicht. Die Erinnerung war in einem unaussprechlichen Gefühl von Kummer und Verlust begraben, das ich zum Teil auch heute noch nicht überwunden habe. Aber kürzlich kam mir plötzlich wieder die Süße dieser erdhaften Zeiten in Erinnerung, entfaltete sich als eine sinnliche, spürbare Erinnerung. Ich stelle fest, wie wichtig es für mich ist, mich daran zu erinnern, wie sie mich liebte, was es für mich bedeutet, mich mit ihren Augen als teuren und liebenswerten Menschen zu sehen und auf der emotionalen Ebene zu erkennen, was bislang nur ein intellektuelles Wissen war: daß die paranoiden Angriffe und Beschuldigungen, die sie mir in meinen Teenagerjahren entgegenschleuderte, nicht ihre wirklichen Gefühle für mich zeigten und niemals in ihrer Absicht gelegen hätten, wenn sie gesund geblieben wäre. Was unsere gemeinsame Geschichte betrifft, so löste unsere positive Bindung sich auf durch ihr Abtauchen in den Wahnsinn, von dem sie niemals genesen sollte. Aber ich begreife allmählich, daß die Prägung durch Liebe niemals zerstört werden kann, nicht durch die Psychose und noch nicht einmal durch den Tod.

Die meisten Frauen haben zumindest einige positive Erfahrungen mit ihren Müttern oder anderen Mutterfiguren gemacht, selbst wenn ihre Erlebnisse nur flüchtig oder kurzlebig waren. Manche Frauen verneinen diese Erfahrungen, wenn sie älter werden, und fangen an, ihre Mutter an einem kulturellen Ideal zu messen. Andere können diese Erfahrungen nicht für sich geltend machen, weil die anderen, problematischeren Aspekte der Beziehung zu schmerzlich sind und im Vordergrund stehen. Für viele Frauen jedoch wird die positive Bindung zu ihren Müttern, die zumindest zu gewissen Zeiten existierte, zur ständigen Quelle von innerer Sicherheit und Selbststärkung.

Diese Erfahrung wird in einem Gedicht von Anne Sexton aus der Sicht eines Kindes lebendig beschrieben:

Oh, Mutter,
hier in deinem Schoß,
der so gut ist wie eine Schale voller Wolken,
bekomme ich, dein gieriges Kind,
deine Brust,
dieses Meer, umhüllt von deiner Haut und deinen Armen,
moosbedeckte Wurzeln, mit sprießenden jungen Trieben,
die ein Lachen aus mir herauskitzeln.
Ja, ich bin verheiratet mit meinem Teddy,
aber der riecht nach dir
und auch nach mir.
Deine Halskette, die ich befingere,
besteht aus lauter Engelsaugen.
Deine funkelnden Ringe
sind wie Monde auf dem Teich.
Deine Beine, die mich auf- und abwippen lassen,
deine lieben, nylonumhüllten Beine,
sind die Pferde, auf denen reite ich
bis in alle Ewigkeit.
Oh Mutter,
nach diesem Schoß der Kindheit
werde ich in der Welt der großen Menschen
niemals eine Fremde,
niemals ein falscher Mensch sein,
oder schwanken
wenn andere
so leer sind wie ein Schuh.[8]

Sextons Gedicht spiegelt die Verbindung zwischen einem Kind und seiner Mutter wider, in der die Welt und die Mutter anfangs eins sind, gibt aber auch Ausblick auf den fortbestehenden Zusammenhang zwischen Mutter und Welt, nachdem es zur Trennung gekommen ist. Eine feste, positive Bindung zur Mutter schafft eine Basis, von der aus die Tochter in die weite Welt hinausgehen kann, eine Welt, die über die Mutter hinausgeht, und dabei trotzdem ein Gefühl von Sicherheit und Zugehörigkeit mitnimmt, das zuerst in der Mutter-Tochter-Beziehung erlebt wurde. Beim Hinausgehen in die Welt trägt das Ich der Tochter die Prägung und das Gewand ihres ersten

»Zuhauses«. (Das gilt natürlich auch für negative Erfahrungen mit ihrer Mutter.)

Auch als Erwachsene brauchen wir eine innere Sicherheit, die uns als Basis dient, von der aus wir in die Welt hinausgehen können. Viele von uns sind angewiesen auf Familienbande, auf die Unterstützung durch Freunde oder tief verwurzelte religiöse Überzeugungen, damit wir uns immer wieder auf etwas beziehen können, das uns Trost und Ermutigung schenkt; und wir brauchen auch ein Gefühl von Zugehörigkeit zu etwas, das größer ist als wir. Für einige erwachsene Töchter ist die fortbestehende positive Verbindung zur Mutter ein weiblicher Urquell, der ihr Erwachsenenleben nährt und ihnen Kontinuität in bezug auf die Vergangenheit und Anregung für die Gegenwart schenkt. Crystal Eastman, eine der Begründerinnen von ACLU [American Civil Liberties Union – Anm.d.Ü.], drückt dies auf rührende Weise in einem Brief an ihre Mutter Annis aus:

Liebes,
die Wäsche ist gerade gekommen – Mittwochmittag. Jedenfalls ist alles bestens. Der Kuchen kam gerade richtig zum Nachtisch, und ich halte ihn für den besten, den Du je gebacken hast.
Oh, Du wirst niemals wissen können, wieviel es mir bedeutet, daß das alles heute angekommen ist! Ich habe mich gerade ein bißchen verloren und auf dem Trockenen gefühlt, als ob ich gar nicht wüßte, wohin oder zu welchen Menschen ich eigentlich gehöre. Weißt Du, mit der Zeit entdeckt man immer die Schwächen der Leute, der eigenen Bestrebungen oder der Orte, für die man alle einmal Sympathie empfunden hat. Die Gedanken schweifen zwischen all diesen Festungen hin und her, und es scheint mit allen das gleiche zu sein. Und die Spitze oder vielleicht sogar der Grund von alledem ist ein elendes Gefühl von eigener Nutzlosigkeit. Nun, nach einer Weile sagst du dir ständig, fast ohne dir dessen bewußt zu sein: »Wo und mit wem kann ich mein Los teilen und zwar von ganzem Herzen und von ganzer Seele?« Das beschreibt, wenn auch mit unzulänglichen Worten, meinen Gefühlszustand seit Sonntag. Vielleicht fragst Du Dich, was das alles mit der Wäsche zu tun hat? Siehst Du's nicht? Sie kam als ein sichtbares Zeichen von *Dir*, zeigte mir, daß Du wirklich existierst, Deine Arbeit, Deine Gedanken und Deine Liebe. Und plötzlich wußte ich, daß ich zu Dir gehöre. Mein einsamer Geist war getröstet, die Welt erschien mir nicht länger als ein leerer Ort.

Mir wird von Zeit zu Zeit immer wieder so klar, daß meine Seele nicht groß genug ist, um ohne einen ganz persönlichen Berechtigungsgrund für meine Existenz zurechtzukommen. Und Du wirst noch für lange, lange Zeit dieser persönliche Grund sein, nicht wahr? Nun, das ist einfach nur einer der unvermeidlichen »Tiefpunkte«, die ein ehrgeiziger Mensch wie ich nun einmal hat. Ich werde mich schon bald zusammennehmen und meinen Platz erneut finden. Und Du mußt einfach vergessen, daß ich jemals meinen Moralischen hatte, und nur daran denken, daß, wenn mir das passiert, der Gedanke an Dich oder ein Brief oder ein Paket von Dir mich fast immer da herausreißen kann.[9]

Annis Eastman war eine begabte Rednerin, Organisatorin und Hausfrau, aktiv in der Bewegung für das Wahlrecht der Frau, und ihre Tochter setzte sich ebenso engagiert und geschickt für soziale Belange ein. Wie dieser Brief, den Crystal Eastman in ihren Zwanzigern schrieb, belegt, hatten die beiden als Erwachsene eine Beziehung, die ebenso leidenschaftlich und außergewöhnlich war wie ihr Leben als Individuen, voll gegenseitiger intensiver Liebe, Anteilnahme und Unterstützung für die Aktivitäten der anderen.[10]

Die psychische Prägung durch eine positive Mutter kann die Tochter selbst nach dem Tod der Mutter noch nähren. Eine Frau aus einer meiner Gruppen beschrieb das ganz lebhaft. Janet war immer ein ausgelassenes Kind gewesen. Lebendig wie sie war, steckte sie überall ihre Nase rein, und wurde ständig von ihrem strengen Vater bestraft. Die Mutter jedoch unterstützte ihre Tochter jedesmal und milderte die Strafen des Vaters ab oder hob sie ganz auf. Janet konnte sich vor allem an einen Vorfall erinnern, als sie von ihrem Vater wegen irgendeines vermeintlichen Deliktes in ihr Zimmer geschickt worden war und weinend auf ihrem Bett saß, verletzt von dem ungerechten Ärger ihres Vaters. Plötzlich hörte sie die Schritte ihrer Mutter die Treppe hochkommen. »Sowie ich ihre Schritte hörte«, erinnerte sich Janet, »wußte ich, daß alles gut sein würde, ganz gleich, was passiert war.« Janets Mutter starb, als Janet zwanzig Jahre alt war. Mutter und Tochter waren sich besonders nah gewesen, und Janet, die jetzt über dreißig ist, vermißt ihre Mutter immer noch schmerzlich. Aber der Einfluß ihrer Mutter lebt weiter. Als sie in meiner Gruppe die Geschichte ihrer frühen Bindung an die Mutter erzählte, fiel ihr plötzlich etwas ein, das geschehen war, als sie mehrere Jahre nach dem Tod ihrer Mutter selbst ihr erstes Kind zur Welt brachte. Nach vielen Stunden Wehen stand die Geburt des Babys unmittelbar bevor. Allein und voller Angst machte Janet sich auf die nächste Runde Schmerzen gefaßt. Plötzlich hörte sie die Schritte ihrer Mutter im Krankenhausflur, und sie wußte, daß sie diese Geburt überstehen und alles gut sein würde.

Manchmal bergen konkrete Gegenstände die Erinnerung an die gute Mutter und helfen der Tochter, sich die Gegenwart der Mutter in ihrem Leben zu bewahren: Fotografien, Kleidungsstücke, Schmuck, Bettdecken, Familienerbstücke. Bei mir ist es das Hackbrett meiner Großmutter, das sofort das Bild ihrer Hände heraufbeschwört, die Schnittlauch oder Zwiebeln für das Mittagessen schneiden; die ganze Küche ist mir dann wieder lebhaft in Erinnerung mit all ihren Farben, Gerüchen, Geräuschen, die ganz von der Gegenwart meiner Großmutter durchdrungen sind. Ich weiß noch, wie ich geduldig am Küchentisch saß, ihr beim Kochen zuschaute, »One Man's Family« oder »Baby Snooks« im Radio hörte; oder den einen Reim sang, den sie mir auf Deutsch beigebracht hatte (zweifellos in einem Augenblick, als ihr Geduldsfaden mit einem lebhaften und redseligen kleinen Mädchen kurz vorm Reißen war), in dem es um eine Mutter geht, die Spinat und Schinken kocht und »die Kleine muß gehen, gehen, gehen«. Eine Frau in einer meiner Gruppen erinnerte sich, als sie gebeten wurde, eine positive Geschichte über ihre Mutter wiederzugeben, wie diese ihr und ihrer Schwester, als beide noch Kinder waren, jede Nacht hochhalf zur Toilette und sie dann jedesmal in eine Decke wickelte und wieder in den Schlaf wiegte. Plötzlich hörte sie auf zu sprechen und ein Ausdruck von Erstaunen glitt über ihr Gesicht. »Ich habe die Decke immer noch«, berichtete sie. »Mir war nie klar, daß das vielleicht von Bedeutung ist.«

Eine weitere Studentin von mir, Rebecca, schuf sich einen Gegenstand, der eine kostbare Erinnerung an ihre Mutter enthielt und bewahrte, ein Bild von der Schönheit ihrer Mutter und deren Lust an schönen Kleidern. In diesem Fall war der Versuch der Tochter, diese Seite der Mutter zu bewahren, auch das Bemühen, ein zerbrochenes Bild von ihr zu »reparieren«, weil die Mutter diesen Teil von sich später infolge einer Operation, bei der sie verstümmelt wurde, ablehnte. Bevor eine »verpfuschte Brustamputation sie aussehen ließ wie ein Stück rohes Fleisch«, berichtete Rebecca, war ihre Mutter eine vitale und aktive Frau gewesen, die sich sehr an schönen Kleidern freuen konnte. Nach der Operation versuchte Rebecca wiederholt, ihre Mutter mit dieser Seite erneut in Kontakt zu bringen, indem sie ihr schöne Kleider kaufte und sie bat, sie anzuziehen. Aber ihre Mutter blickte dann immer auf ihren Körper und verkündete: »Das nützt ja doch nichts.« Als ihre Mutter starb, und Rebecca und ihre Schwester ihre Kleider und andere persönliche Gegenstände durchsahen, waren beide total verblüfft, wie unterschiedlich die Kleider waren, die sie vor und nach ihrer Krebserkrankung getragen hatte. Rebecca nahm mehrere Kleider aus der Zeit vor der Krankheit ihrer Mutter, zerschnitt sie und machte daraus einen Rock für sich. Auf diese Weise bewahrte sie sich das Bild der Mutter, an das sie sich am liebsten erinnern wollte, ein Vorbild für ihre eigene Beziehung zu ihrem Körper und zu ihrer weiblichen Schönheit. Dieses prägnante Beispiel weist darauf hin, daß das Bild, das die Tochter sich von der Mutter macht, teilweise ein *Prozeß* ist, der zu bestimmten Zeiten die Aspekte der Mutter hervorbringen und bewahren kann, die die Tochter gerade am meisten braucht, auch wenn die Mutter selbst ihre Verbindung zu diesen Seiten von sich »verloren« oder aufgegeben hat.

Tatsächlich kann das innere Bild der Tochter sich in weiten Teilen um die Empfindungen für eine Mutter weben, die »verloren« gegangen ist. Das kann für die Mutter gelten, die wir einmal hatten, und die aufgrund von Krankheit, Depression, Überarbeitung oder anderen Veränderungen in ihrem Leben unterging, wie es bei Rebecca der Fall war; oder auch für die Frau, die die Mutter einmal war, bevor sie die Rolle als Ehefrau und Mutter übernahm. Viele Frauen haben Geschichten über ihre Mutter gehört, bevor diese heiratete oder Kinder bekam, die ein ziemlich anderes Bild abgeben als das der Frau, die sie jetzt erleben (sowohl Nancy Friday als auch Judith Arcana berichten in ihren Büchern über Mütter und Töchter darüber, wie sie diese Sehnsucht nach der in dieser Form »verlorenen« Mutter selbst erlebt haben),[11] Frauen, die einmal sehr viel vitaler, abenteuerlustiger, sexuell aktiver oder unabhängiger waren. Bilder von ihren Müttern als individuelle Frauen mit ihrem ganz speziellen Temperament und eigenen Interessen üben auf viele Töchter einen unwiderstehlichen Reiz aus; die Tochter sehnt sich danach, diese Frau kennenzulernen, die die Mutter einmal war, sie der Mutter ins Gedächtnis zurückzurufen und von ihrem Geist und ihren Qualitäten zu schöpfen. Manchmal ist die Scheidung der Punkt, an dem die Vitalität der Mutter stirbt (obwohl sie dadurch manchmal auch gefördert werden kann). Jill war eine Frau, mit der ich therapeutisch arbeitete, und die sich kaum an ihre Kindheit oder frühe Erfahrungen mit der Mutter erinnern konnte. Sie wußte nur vage, daß ihre Mutter vor der Scheidung von Jills Vater, als Jill acht Jahre alt war, lebenssprühender und liebevoller gewesen war. Nach der Scheidung war ihre Mutter ständig krank und kümmerte sich weder um sich selbst noch um ihr Kind,»wie eine gebrochene Frau«, erinnerte sich Jill. An einem Punkt unserer Arbeit brachte Jill Fotos von ihrer Familie für mich mit, darunter auch Bilder von ihrer Mutter vor und nach der Scheidung. Die Veränderung, an die Jill sich nur vage erinnern konnte, war auf den Fotos sofort auf eine verblüffende und anschauliche Weise zu sehen. Auf den Bildern, die vor der Scheidung aufgenommen waren, erschien die Mutter als eine herzlich lächelnde, freundlich aussehende Frau mit einer kräftigen, offenen Körperhaltung. Die Bilder nach der Scheidung zeigten eine Frau, die so anders aussah, daß man sie praktisch unmöglich als denselben Menschen erkennen konnte. Die Frau in der zweiten Fotoserie war beträchtlich gealtert (obwohl die beiden Fotoreihen nur ein Jahr auseinanderlagen), sah abgespannt aus, und ihr Körper schien in sich selbst zusammengesunken zu sein. Hätte ich nicht vorher gewußt, daß auch diese Frau Jills Mutter war, hätte ich es allein aufgrund der visuellen Hinweise durch die Bilder nicht erraten können. Als Jill sich immer deutlicher an ihre Kindheit erinnern konnte, sehnte sie sich nach einer Verbindung mit dieser früheren, lebendigeren er, die sie einmal gehabt hatte, und sie erkannte, daß ihre en Bemühungen, Zuwendung von einem Mann zu be- Versuch waren, diese Verbindung wieder herzustel-

Eine weitere Ebene der Sehnsucht nach der verlorenen Mutter, die in der Psychologie der erwachsenen Frauen auffällt, ist die nach der Mutter, die wir niemals hatten: eine Frau, die wir schätzen können, mächtig, stark und positiv, mit der wir uns verbinden und *von* der wir abstammen können. Alledem liegt unser Sehnen nach unserer eigenen Ganzheit, der Ganzheit unserer Mütter sowie nach der Ganzheit des in unserer Kultur enteigneten weiblichen Geschlechts zugrunde, die tatsächlich »verlorengegangen« ist, aber – wie Rebeccas Rock – wieder zusammengesetzt und neu geschaffen werden kann. Das ist eine Seelenaufgabe für heutige Frauen, die die Verbindung zur leiblichen Mutter sowohl einschließt als auch transzendiert.

Grundbestandteil einer positiven Mutter-Tochter-Bindung ist die gegenseitige Zugehörigkeit; diese beinhaltet sowohl den Wunsch nach als auch die Fähigkeit zur Nähe und bedeutet außerdem, daß wir zulassen, emotional und körperlich zugänglich füreinander zu sein. Einige Frauen können sich daran erinnern, daß diese Verbundenheit in ihrer Kindheit leidenschaftlich und intensiv war. Eine Frau sprach von einer »Zeit voller Liebe« mit ihrer Mutter, als sie noch sehr klein war, eine Zeit des Spielens und der Zuneigung; sie erinnert sich daran, daß sie sich viel umarmt und geküßt haben und sie an den Ohrläppchen ihrer Mutter »geknabbert« hat. Damit war sofort Schluß, wenn ihr Vater das Zimmer betrat. Noch als Erwachsene sehnt sie sich nach diesem freudigen Gefühl, angenommen zu werden, das sie in jenen frühen Tagen erlebt hat. Das Gefühl, von der Mutter zu kommen und zu ihr zu gehören, ist für viele Frauen ganz wesentlich für eine positive Bindung, wie auch in Anne Sextons Gedicht und Crystal Eastmans Brief deutlich wird. Ihre Mutter zu bewundern und an ihren Aktivitäten »teilnehmen« zu dürfen oder Teile ihres Lebens und ihrer Persönlichkeit »auszuprobieren«, gehört ebenfalls zur positiven Muttererfahrung von Töchtern. Die Mutter wird zum Rollenvorbild für ihre Tochter, oder zumindest gilt das für gewisse Entwicklungsstadien im Leben der Tochter, und gibt dieser das Gefühl, an etwas teilzuhaben, das größer ist als sie und über sie hinausgeht. (Ich kann mich amüsiert daran erinnern, wie meine Tochter, die oft zugehört hatte, wie ich mit Freunden und

Kollegen über meinen Beruf redete, von ihren Aktivitäten im Kindergarten als von ihrer »Arbeit« sprach.) Frauen, denen es schwerfällt, Bewunderung anzunehmen oder zuzulassen, daß sie Vorbilder sind, weil man ihnen beigebracht hat, sich zurückzunehmen oder sich unzulänglich zu fühlen, verletzen ihre Töchter unbeabsichtigt, denn diese bekommen das Gefühl, daß ihre Lust an der Mutter etwas Schlechtes oder unerwünscht ist, weil sie nicht angenommen wird und sich von daher auch an niemanden richten kann. Die geringe Selbstachtung der Mutter schafft eine Schranke zwischen ihr und ihrer Tochter und beraubt beide der potentiellen Möglichkeit gegenseitiger Zuwendung.

In einer überwiegend positiven Beziehung schafft die Mutter ein emotionales und psychologisches »Gefäß« für das Kind, das, wie der Uterus während der Schwangerschaft, sowohl Grenzen als auch flexible Möglichkeiten bietet und mit der Tochter wächst, bis diese bereit ist, sich aus dem mütterlichen Gefäß heraus in eine größere Welt zu bewegen. Regeln, Grenzen, Familienrituale und Kosenamen bestimmen den Umfang dieses Gefäßes, während mitfühlendes Begleiten und Spontaneität es flexibel gestalten und den wechselnden Bedürfnissen des Kindes anpassen. Festigkeit, wenn möglich, ist besonders wichtig, weil sie der Tochter das Gefühl gibt, sicher zu sein und von der Mutter zuverlässig gehalten zu werden. Hat dieses psychische Gefäß Risse, kann das Kind dadurch tatsächlich desorientiert werden, wie das folgende Beispiel belegt. Jean, die zu ihrer Mutter immer ein warmes und enges Verhältnis hatte, erinnerte sich daran, wie sie eines Tages aus dem Kindergarten nach Hause kam, und ihre Mutter war nicht da. Ihre Mutter war immer zu Hause gewesen, wenn Jean aus der Schule zurückkam, aber an diesem Tag erhielt sie keine Antwort auf ihr immer panischer werdendes Rufen. »Es war, als würde die ganze Welt verschwinden, und ich wußte nicht mehr, wo ich war«, beschrieb Jean die Begebenheit. Schließlich entdeckte sie, daß ihre Mutter nur im Keller war und sie nicht gehört hatte.

Zu einer positiven Mutterbindung gehört auch, daß die Mutter die Tochter angemessen beschützt. Die Tochter wird in Situationen, die ihre Fähigkeiten überschreiten, nicht allein gelassen, sondern ermutigt, sich auf das Ich der Mutter zu stützen, während sie gleichzeitig Anleitung bekommt, eigene Fähigkeiten zu erwerben. Wird diese Unterstützung nicht gegeben, lernt die Tochter oft, ihre Ängste und Unzulänglichkeiten hinter einer Maske aus gespielter Tapferkeit und falscher Kompetenz zu verbergen. Sie kann sich sogar in Gefahr bringen, entweder aus Unwissenheit oder bei dem Versuch, ihre Ängste in den Griff zu bekommen, indem sie sich wiederholt auf die Probe stellt.

Viele Frauen in unserer Kultur haben die Erfahrung einer positiven Bindung zur Mutter nicht gemacht oder diese Bindung nur für flüchtige Augenblicke erlebt. Unzählige Faktoren sowohl im Leben der Mutter als auch in dem der Tochter können eine solche Bindung stören oder verhindern.[12] Das Gefäß kann zerbrechen, weil die Mutter an einer körperlichen oder geistigen Krankheit leidet oder Alkoholikerin ist; die Tochter gewöhnt sich dann nur allzusehr an eine unstete Atmosphäre, in der die Mutter für das Kind nicht da ist oder die täglichen Abläufe ständig unterbrochen werden. Die Tochter weiß dann vielleicht gar nicht, auf was sie sich bei ihrer Mutter verlassen kann, oder was als nächstes geschieht; die Mutter ist für sie vielleicht nicht da, weil sie im Krankenhaus ist, keinen Bezug zur Realität hat oder aus anderen Gründen entkräftet ist.

Manchmal stellen sich auch Väter zwischen Mutter und Tochter, um die Entstehung oder Erhaltung einer positiven Bindung zwischen den beiden zu verhindern.[13] Das kann zahlreiche Formen annehmen, etwa daß der Vater eifersüchtig auf diese Bindung ist und entweder die Mutter oder die Tochter ganz für sich haben möchte. Beide Situationen sind für die Tochter schwierig, wenn sie aber diejenige ist, die vom Vater bevorzugt wird, gerät sie in eine unmögliche Position zwischen ihren Eltern. Vielleicht erzählt ihr Vater ihr, daß sie besser, ihm angenehmer und hübscher ist als ihre Mutter, und die Tochter empfindet das als positive Unterstützung von seiten ihres Vaters. Aber dann verliert sie die Verbindung zu ihrer Mutter, weil sie als Konkurrentin der Mutter aufgebaut wird. Umgekehrt kann auch die Mutter dem Vater die erste Stelle einräumen, sich selbst als Mutter abwerten und ihre Tochter ausschließen. Manche Mütter verbünden sich sogar mit ihren Ehemännern gegen ihre

Töchter oder fühlen sich gezwungen, als Instrument für die Vorstellungen oder »Programme« zu dienen, die der Vater für das Kind entwickelt.[14] Die Verbindung zur Tochter läuft dann nur über den Vater oder die väterlichen Ideen. So manche Mutter-Tochter-Beziehung wurde auf dem Altar ehelicher »Pflichten« geopfert.

Auch die Beziehung, die die Mutter zu sich selbst hat, kann einer positiven Bindung mit der Tochter im Wege stehen oder diese ausschließen. Wenn sie Schwierigkeiten damit hat, eine eigene Identität zu entwickeln, muß sie die Tochter vielleicht verschlingen, um ein Selbstgefühl zu bekommen, und mit ihr verschmelzen, statt ihr als Gefäß zu dienen. In diesem Fall wird Nähe zu einer Art von Vereinnahmung statt zu einer Beziehung, und die scheinbare Unterstützung der Tochter ist in Wirklichkeit ein eigennütziger Betrug. Das mütterliche Gefäß wird starr und unbeweglich und erlaubt der Tochter nicht, es zu verlassen und darüber hinaus zu gehen. Die Mutter kann auch unfähig sein, Nähe zu ihrer Tochter zu fördern oder zu ertragen, und dieser Abstand aufzwingen. Die Mentalität dieser Mütter wird im nächsten Kapitel betrachtet.

3 Die bindende und
die verbannende Mutter

Ich sehe die Liebe für meine Tochter gern als das »Auffang-
netz«, das unter der auftretenden Seiltänzerin gespannt wird.
Ich habe immer gehofft, daß sie nicht alarmiert oder mit über-
mäßiger Besorgtheit darauf reagiert, daß dieses Netz notwendig ist, sondern so hoch klettert, wie sie gern klettern möchte,
und sich in dem Wissen seines Schutzes sicher dabei fühlt. Es
war beängstigend zu wissen, daß sie abprallen würde in das
Vergessen, wenn das Netz zu fest gespannt war, andererseits
aber in Schwierigkeiten geraten würde, wäre es zu locker geknüpft... Was ich mir für meine Tochter am meisten ge-
wünscht habe, war, daß sie imstande sein möge, voller Zuver-
sicht in ihren eigenen Himmel aufzusteigen, wo immer dieser
auch sein mochte, und wenn für mich auch noch Platz war,
hätte ich gewiß geerntet, was ich zu säen versuchte.

Helen Claes[15]

Was eine Frau von ihrer Mutter braucht, ist sowohl die Erfahrung,
umsorgt zu werden, als auch Unterstützung in ihrem Bestreben nach
Autonomie.[16] Sie muß wissen, daß sie nicht nur konkret versorgt
wird, sondern daß ihre Mutter ihr Sorgen für die Tochter auch genießen kann. Sie muß sich der Mutter nicht nur emotional, sondern
auch körperlich nahe fühlen, um Zugang zum Körper ihrer Mutter
zu haben und zu spüren, daß ihr eigener Körper von der Mutter
gemocht und geschätzt wird. Sie muß sich mit der Mutter verbinden
und sie zumindest anfangs als Vorbild nehmen können, damit sie
sich auf die Stärke des mütterlichen Ich stützen kann, während sie
ihre eigene Stärke entwickelt. Das alles gehört zu der positiven
Bindung zwischen Mutter und Tochter, die wir im letzten Kapitel
untersucht haben. Was aber eine Tochter über Intimität und Nähe
hinaus auch noch braucht, ist die Erlaubnis und die Unterstützung,

sich von der Mutter zu trennen: um etwas Eigenes zu leisten, ihre eigenen Fehler zu machen, ihre eigenen Erfolge zu erleben und von der Mutter so verschieden zu sein, wie ihre eigene Persönlichkeit und ihre innere Veranlagung es ihr eingeben.

In unserer Kultur sind viele Mütter imstande, die eine oder die andere Seite dieses heiklen Gleichgewichts zwischen Nähe und Getrenntheit zu unterstützen, aber nicht beide. Einigen Frauen fällt es vielleicht überhaupt nicht schwer, eine enge Bindung zu ihren Töchtern herzustellen, sie sind aber nicht imstande, diese loszulassen. Diese »bindenden« Mütter halten ihre Töchter zu eng bei sich, stören sie in ihrer Entwicklung zur Autonomie oder versuchen sogar, diese zu verhindern. Andere Mütter drängen ihre Töchter zu sehr, eigenständig zu sein, und können nicht genügend Intimität oder Nähe zulassen. Die Töchter dieser Mütter fühlen sich oft »verbannt«, angetrieben zu frühzeitiger Selbständigkeit und Unabhängigkeit. Die verbannende Mutter kann sogar darauf bestehen, daß die Tochter innerhalb der Familie die Mutterrolle übernimmt und sie verantwortlich für die Versorgung ihrer Geschwister, ihres Vaters oder sogar der Mutter selbst machen.

Die bindende Mutter, die unfähig ist, ihre Tochter eigene Wege gehen zu lassen, kann ihr die eine oder beide folgender Botschaften vermitteln: »Du mußt wie ich sein«, oder »Du mußt meine Verlängerung sein.« Im ersten Fall wird von der Tochter erwartet, daß sie sich nicht über den Umkreis des mütterlichen Lebens hinaus entwickelt. Hat ihre Mutter die Ehe über den Beruf gestellt, soll die Tochter das gleiche tun. Wenn ihre Beziehung zu Männern und gesellschaftlichen Autoritäten von Nachgiebigkeit und Unterwerfung geprägt ist, soll auch die Tochter sich so verhalten. Sie wird nicht darin unterstützt, sich aus dem mütterlichen Verbund herauszubewegen, andere Vorlieben zu entwickeln oder andere Entscheidungen zu treffen als die Mutter. Sollte die Tochter auf Unterschieden bestehen, kann sie auf zahlreiche Formen von Mißbilligung stoßen: Die Mutter droht vielleicht, ihr ihre Liebe zu entziehen oder sie sogar zu »verstoßen«. Sie kann sogar Krankheit vortäuschen in dem Bemühen, die Übereinstimmung ihrer Tochter mit dem mütterlichen Stil oder den mütterlichen Vorstellungen zu erzwingen. Die

Reaktion der Tochter darauf kann so aussehen, daß sie nachgibt, um sich die Verbindung zur Mutter zu erhalten; sie kann aber auch rebellieren, mit ihr brechen oder sich einfallen lassen, ein »Doppelleben« zu führen.

Melissa war eine junge Frau, die ich in den ersten Jahren ihrer Ausbildung kennenlernte. Als ich ihr begegnete, hatte sie ohne das Wissen ihrer Mutter zwei Jahre lang mit ihrem Freund zusammengelebt. Nur sie ging ans Telefon, und wenn ihre Mutter zu Besuch kam, wohnte ihr Freund immer bei Freunden. Melissa beschrieb ihre Beziehung zu ihrer Mutter als eine, die immer sehr eng und liebevoll gewesen, aber total bestimmt war von den hohen Erwartungen, die die Mutter an ihre einzige Tochter hatte. Da sie nicht imstande war, das Bild ihrer streng religiösen Mutter von ihr als der guten, gehorsamen Tochter, die sich – wie sie selbst es getan hatte – »für die Ehe aufbewahrte«, herauszufordern, zog Melissa sich sogar anders an, wenn ihre Mutter da war, versteckte ihre üblichen Jeans und T-Shirts und trug »anständigere« Kleider. Die Mutter wußte während Melissas gesamter Ausbildungszeit über vier Jahre hinweg nicht, daß ihre Tochter sexuelle Beziehungen hatte, aus der Kirche ausgetreten war und mehr auf Partys und Freunde aus war als auf den Beruf als Krankenpflegerin, zu dem ihre Mutter sie getrieben hatte. Schließlich wurde der Streß ihres extremen Doppellebens ihr zu groß, und Melissa gestand ihrer Mutter alles ein. Mehrere Monate lang gingen Mutter und Tochter durch stürmische Auseinandersetzungen, aber die positive Bindung, die sie immer gehabt hatten, hielt. Melissas Mutter mißbilligte einige Entscheidungen ihrer Tochter, gelangte aber dahin, diese in ihrem Bedürfnis zu unterstützen, ihr Leben selbst zu bestimmen, und die beiden schmiedeten eine neue Beziehung zueinander. In diesem Fall war eine bindende Mutter imstande, ihre Erwartungen zu opfern, damit die Verbindung zu ihrer erwachsenen Tochter aufrechterhalten und fortgesetzt werden konnte.

Eine extremere Version der bindenden Mutter ist die Mutter, die mit der Tochter verschmilzt, statt mit ihr eine Bindung einzugehen, und von der Tochter erwartet, daß diese ganz konkret eine Verlängerung ihrer selbst ist und die ungelebten Seiten im Leben der Mutter auslebt. Die Dichterin Anne Sexton hat dies treffend in einem Gedicht ausgedrückt, das sie für eine ihre Töchter schrieb:

> Ich weiß noch, wir gaben dir den Namen Joyce,
> damit wir dich Joy [Freude, Anm.d.Ü.] nennen konnten.
> Du kamst wie ein unbeholfener Gast
> damals, ganz eingewickelt und feucht
> und fremd an meiner schweren Brust.
> Ich brauchte dich, ich wollte keinen Jungen,
> ich wollte nur ein Mädchen, ein kleines
> milchsanftes Mäusemädchen, das im eigenen Haus
> schon gehörig lärmte. Wir nannten dich Joy.
> Ich war mir niemals sicher gewesen,
> ob ich überhaupt ein Mädchen war -
> so brauchte ich ein anderes Leben,
> ein anderes Bild, das mir half, mich zu erinnern.
> Und das war meine größte Schuld; du konntest mich
> davon nicht heilen und sie nicht lindern.
> Ich bekam dich, um mich zu finden.[17]

Einer Frau, die ich kenne, wurde von ihrer Mutter direkt ins Gesicht gesagt, daß sie empfangen worden war, um all die Bestrebungen wahrzumachen, die die Mutter für ihr eigenes Leben gehabt hatte, an deren Realisierung sie aber ihrer Meinung nach gehindert wurde. Die Tochter übernahm diese Bestrebungen, teilte besonders das Interesse ihrer Mutter an klassischer Musik und wollte ihr gefallen. Sie wurde Pianistin. Der einzige Haken war, daß die Mutter jedes Konzert, das die Tochter gab, dadurch verdarb, daß sie ihr erzählte, sie sei nicht gut genug, und ihr manchmal noch zeigte, wie sie, die Mutter, es besser konnte. Zu dieser Dynamik kommt es bei der Berufswahl von Frauen vor allem dann oft, wenn der ursprüngliche Beruf der Tochter in eine Sparte fällt, die die Mutter früher einmal aufgegeben hat.

Eine Abwandlung dieses Problems ist die verbreitete Einstellung, daß alles, was die Tochter tut, positiv oder negativ auf die Mutter zurückfällt. Eine Tochter, die in Signe Hammers Buch über ihre Mutter spricht, schildert das ganz anschaulich: »Daß ich aber nun ein solches ›Prachtexemplar‹ geworden war, war einzig und allein ihr Werk. Das kam mir vor, als usurpiere sie einen Teil meiner Identität. Wenn sie von meinen Leistungen sprach, dann tat sie so, als habe sie sie als erste vollbracht. Sie erzählte, eine wie gute Schülerin sie gewesen sei. Ihre Familie war arm gewesen, und sie konnte nicht vergessen, daß sie in der Schule die Beste gewesen war. Ich kann das ja begreifen, doch sie gab mir damit zu verstehen, daß meine guten Zensuren nichts Einmaliges waren, denn sie selber hatte ja auch schon welche bekommen. Auch wenn ich etwas tat, was sie nicht nachvollziehen konnte, beispielsweise als Austauschschülerin nach Europa ging, dann sagte sie dazu: ›Von *meinem* Kind erwarte ich das.‹ Dagegen war nichts einzuwenden, aber ich hatte den Eindruck, sie wollte sich an meinen Leistungen nicht nur beteiligen, sondern sie auch verkleinern.«[18] In diesem Beispiel verschmilzt die Mutter mit ihrer Tochter, indem sie deren Leistungen übernimmt, als hätte sie selbst sie erbracht.

Andere Töchter erleben die mütterlichen Versuche, mit ihnen zu verschmelzen, in Form von selektiver Anerkennung und Mißbilligung; die Mutter billigt alles an der Tochter, was ihr selbst ähnlich ist, und versucht durch Mißbilligung oder durch Abtun alles zum »Verschwinden« zu bringen, was ihr nicht gleicht. Betty war eine überdurchschnittlich gute Schülerin, aber ihre wirkliche Leidenschaft galt dem kreativen Schreiben, für das sie eine außergewöhnliche Begabung hatte. Ihre Mutter tat das Schreiben ihrer Tochter als »Dummheit« ab und setzte ihr ständig zu, noch bessere Noten und den Ehrenpreis zu bekommen, wie sie selbst ihn erworben hatte, als sie noch zur Schule ging. Eines Tages kramte Bettys Mutter sogar ihre alten Zeugnisse hervor, die sie aufgehoben hatte, um ihrer Tochter zu zeigen, daß sie in deren Alter glatte Einser bekommen hatte. Von mehreren Lehrern ermutigt, fuhr Betty mit dem Schreiben fort, während ihre Mutter es weiterhin lächerlich machte oder ignorierte. Aber als eines von Bettys Gedichten zur Veröffentlichung in einer überregionalen Zeitschrift angenommen wurde, war Betty plötzlich wieder die Tochter ihrer Mutter. Bettys Mutter kaufte mehrere Exemplare der entsprechenden Ausgabe und verteilte sie an Leute in ihrem Büro, wobei sie ihnen schilderte, wie *ihre* Tochter dieses Gedicht geschrieben hatte. Anschließend fuhr sie wieder fort,

Betty zu erzählen, daß ihr Schreiben doch nur Zeitverschwendung sei, daß sie niemals würde davon leben können und lieber ins Geschäftsleben eintreten und sich »eine gute Stellung« suchen solle, wie sie, ihre Mutter, sie auch habe.

Eine weitere Variante der Haltung, alles, was die Tochter tut, auf die Mutter zurückzuführen, zeigt sich in dem Versuch von Frauen, jedes nicht akzeptable Verhalten ihrer Tochter so unter Kontrolle zu bekommen, als sei es ihr eigenes. Ein extremes Beispiel dafür wird ebenfalls in Hammers Buch vorgestellt und zwar in Form des folgenden Bekenntnisses einer Mutter: »Ich habe noch nicht gelernt, daß ich nicht Helen (ihre Tochter) bin. Für mich ist sie wie ein Arm, wie ein Fuß von mir. Jetzt allerdings gebe ich mir Mühe, sie loszulassen, ich sage zu ihr, du bist eine selbständige Person… Wie man seinen Arm oder sein Bein jederzeit beherrschen können will, ebenso möchte ich Helen unter Kontrolle haben, sonst kommt mir gleich der Gedanke, ›Lieber Himmel, das ist mein eigener Arm, und was tut er? Ich darf das nicht zulassen.‹ Jetzt sehe ich aber ein, daß ich mich von ihr lösen muß und übrigens auch von meiner Mutter.«[19]

Eine solche Mutter, die mit einem schwach ausgebildeten Selbstgefühl zu kämpfen hat und sich nicht sicher ist, wo sie aufhört und ihre Tochter anfängt, hat ständig folgendes Gefühl, das sie auch ihrer Tochter vermittelt: »Was sollen die Leute bloß von *mir* denken, wenn sie sehen, wie du dich verhältst?« Die Tochter einer solchen Frau kann das Gefühl haben, sich total von ihrer Mutter zurückziehen zu müssen, nur um spüren zu können, daß ihre Handlungen und ihre Persönlichkeit zu ihrem eigenen Leben gehören, statt lediglich ein Anhängsel des Lebens der Mutter zu sein.

Es überrascht nicht, daß Beziehungen, in denen das Tabu der töchterlichen Autonomie das Geschehen bestimmt, aufgrund von mütterlicher Konkurrenz und mütterlichem Neid oft völlig zerrüttet sind. Auf der bewußten Ebene mag die Mutter wollen, daß die Tochter in den Bereichen, die sie – die Mutter – für wichtig hält, erfolgreich ist; tatsächlich aber kann sie es nicht ertragen, wenn das wirklich eintritt. Das ist für beide Seiten eine schmerzliche und teuer bezahlte Dynamik. Aufgewachsen mit der Beobachtung, daß in unserer Kultur die Tradition besteht, Frauen zu bestrafen, die aktiv ihre

Autonomie und eigene Interessen verfolgen, unterdrückt die Mutter solche »selbstsüchtigen« Ziele und glaubt an das gesellschaftliche Versprechen, in ihren Kindern persönliche Erfüllung zu finden. Aber persönliche Träume sind etwas sehr Kostbares und sterben selten. Statt dessen wandern sie in den Untergrund. Auf geheime und oft unbewußte Weise hält die Mutter ihre Träume am Leben, indem sie sie auf ihre Tochter überträgt. So kann die Mutter sich auf kulturell akzeptablem Wege aufbauen. Und trotzdem rufen die Leistungen der Tochter genau auf den Gebieten, die die Mutter selbst erobern wollte, unweigerlich Neid und Wut auf seiten der Mutter hervor. Vielleicht beginnt sie die Tochter zu hassen, weil diese letztlich bekommt, was sie selbst haben wollte; die Verschmelzung funktioniert nicht wirklich. Die Tochter dagegen gerät in einen Zwiespalt. Wenn sie versucht, ihre Mutter zufriedenzustellen, muß sie verblüfft und verletzt feststellen, daß sie statt auf Freude und Zustimmung auf unterschwellige Wut von seiten der Mutter trifft. Wird die Tochter nicht in der Entwicklung ihres eigenen Lebens unterstützt, kann sie ständig in dem Entsetzen darüber gefangen bleiben, sich nicht unabhängig bewegen zu können oder verlassen zu werden, wenn sie es tut.

Manche Töchter versuchen, diese Doublebind-Situation mit ihren Müttern zu vermeiden. Dianas Mutter hatte eine Gesangsausbildung angefangen, die sie aber abbrach, als sie heiratete. Diana hatte eine schöne Stimme und sang gerne, aber ihre Mutter machte soviel Aufhebens davon, wenn die Tochter sang, daß diese sich schließlich weigerte, überhaupt noch zu singen. Sie wäre wirklich gern selbst Sängerin geworden, erzählte Diana mir, war sich aber nie sicher, ob sie dann sie selbst oder ihre Mutter gewesen wäre.

Andere Töchter identifizieren sich mit den Zielen, die die Mütter für sie haben, und finden erst sehr viel später heraus, daß die mütterliche Unterstützung etwas Zweischneidiges hat. Cassie erinnert sich, daß sie bereits im Kindergarten wußte, daß sie auf die Universität gehen würde; das war das Hauptthema ihrer Mutter, und dem Kind wurde schon früh eingeprägt, daß seine Eltern »für seine Ausbildung sparten«. Ihren Vater interessierte das kaum, aber der drängende Ehrgeiz der Mutter für ihre älteste Tochter zielte darauf ab, daß diese eine gute Ausbildung erhielt. Cassie identifizierte sich mit dem Ehrgeiz ihrer Mutter für sie, und träumte bereits als Kind von der Karriere, die sie als Erwachsene machen würde. Obwohl ihre Mutter sich überhaupt nicht dafür interessierte, wie die zukünftige Arbeit aussah, die Cassie sich ausmalte, und die Interessen und Fähigkeiten ihrer Tochter oft abwertete, glaubte Cassie immer, daß sie grundsätzlich von ihrer Mutter unterstützt würde. Nach dem Universitätsabschluß war Cassie entschlossen, ihre Ausbildung noch weiter fortzusetzen, und beantragte – obwohl sie finanziell zu kämpfen hatte – ein Doktorandenstipendium und machte ihren Doktor. Dabei kam es ihr komisch vor, daß ihre Mutter niemals etwas zu ihrer Doktorarbeit und auch nicht zum nachfolgenden Berufsweg der Tochter sagte. Als sie die Uni erst einmal beendet hatte, verlor die Mutter niemals wieder ein Wort über Cassies Ausbildung.

Eines Tages dachte Cassie, daß ihrer Mutter vielleicht nicht klar war, wie dankbar ihre Tochter war, oder wie sehr sie zu den Ambitionen und Entschlüssen der Tochter beigetragen hatte. Also rief sie ihre Mutter an und erzählte ihr, wie wichtig es für sie gewesen sei, daß ihre Mutter immer mit Nachdruck Wert auf eine Uniausbildung gelegt habe. Zu ihrer Überraschung ließ ihre Mutter eine zweistündige gehässige Tirade los, die mit dem Satz, »Du hast alles, was du wolltest« begann und ihre Bitternis darüber zum Ausdruck brachte, selbst nie die Uni besucht zu haben. Als sie die Gefühle ihrer Mutter erst einmal erfahren hatte, bekam Cassie schreckliche Schuldgefühle, weil sie erreicht hatte, was ihrer Mutter versagt geblieben war. Sie erkannte, daß der große mütterliche Neid der Grund für die »Kehrseite« der mütterlichen Unterstützung gewesen war: das Abwerten der töchterlichen Interessen und Talente, und ihr totales Schweigen und mangelndes Engagement in bezug auf Cassies weitere Schul- und Berufsentwicklung. Weder Mutter noch Tochter sprachen dieses Thema jemals wieder an, und Cassie hatte wegen ihrer Leistungen weiterhin Schuldgefühle, weil sie glaubte, das Erreichte sei in gewisser Weise auf Kosten der Mutter gegangen. Weit davon entfernt, ihre Mutter stolz zu machen, hatten Cassies Erfolge lediglich deren Ärger hervorgerufen, einen Ärger, den Cassie nicht ansprechen und mildern konnte. Cassie war an den unerfüllten

Traum ihrer Mutter gebunden, sie war darin gefangen, ohne in der Lage zu sein, ihn der Mutter zurückzugeben oder ihn ganz für sich zu übernehmen. Nur mit Hilfe einer Therapie war sie imstande, sich davon zu befreien, ständig die Last der mütterlichen Bitterkeit und des ungelebten Lebens der Mutter tragen zu müssen.

Bindende Mütter sind oft Frauen, die sich ihres eigenen Lebens und ihrer eigenen Möglichkeiten unsicher sind. Wenn die Tochter in die gleiche Richtung geht wie die Mutter, wird das Selbstgefühl der Mutter gestärkt und ihre eigenen Lebensmöglichkeiten werden bestätigt. Entscheidet die Tochter sich für einen anderen Lebensstil als den der Mutter, sieht sich die Mutter vielleicht gezwungen, ihre eigenen Entscheidungen und Werte noch einmal zu überprüfen. Für einige Frauen führt das zu der schmerzlichen Einsicht, daß sie in ihrem damaligen Leben keine andere Wahl hatten oder diese nicht ernsthaft in Betracht zogen, weil sie sie zu riskant oder kulturell nicht akzeptabel fanden. Die Mutter, die fest davon überzeugt ist, daß das Glück im Leben in Ehe und Kindern zu finden ist, kann das Gefühl haben, daß etwas für sie ganz Wesentliches bedroht wird oder sie von der Tochter persönlich abgelehnt wird, wenn diese die Ehe meidet und erklärt, trotzdem glücklich zu sein.[20] Wenn die Tochter tatsächlich und offenkundig glücklich ist, muß die Mutter ihre Vorstellung vom »Glück« um eine Möglichkeit erweitern, die ihrer eigenen widerspricht, will sie sowohl die eigenen Werte beibehalten als auch ihre Tochter unterstützen. Aber sie kann auch mit der schmerzlichen Frage konfrontiert sein, ob nicht auch sie glücklich und erfüllt geworden wäre, wenn sie eine andere Richtung eingeschlagen hätte. Die Andersartigkeit der Tochter kann eine entweder unterdrückte oder neu entstandene Ambivalenz in Hinsicht auf ihr eigenes Leben in ihr wachrufen. Das ist besonders schwierig für die Frau, die damals keine individuell durchdachten Entscheidungen getroffen hat, sondern tat, was man von ihr entsprechend der kulturellen Normen der damaligen Zeit »erwartete«. Wenn das Identitätsgefühl einer Frau nicht persönlichen Erwägungen darüber entstammt, was für sie richtig und authentisch ist, sondern von der Vorstellung geprägt wird, »das Richtige zu tun«, kann das unterschiedliche Vorgehen der Tochter eine große Bedrohung für sie darstellen. Um die Tochter in ihrer Andersartigkeit unterstützen zu können, braucht die Mutter ein Gefühl von eigener innerer Sicherheit und den Glauben an das Recht zum individuellen Ausdruck, das sie vielleicht selbst niemals erfahren hat.

Auch die extremere Version der bindenden Mutter, die Frau, die erwartet, daß ihre Tochter ihre ungelebten Träume wahr macht, kann aus einer Identifikation mit traditionellen kulturellen Vorbildern heraus handeln. Sie hat vielleicht die Einstellung übernommen, daß Kinder ihr »Lebenswerk« sind, ihre Fähigkeiten voll in Anspruch nehmen und befriedigen und Ausdruck ihrer Kreativität im Leben sein sollen. Aber Kinder werden groß, werden sie selbst und entwachsen ihren Müttern; und an einem gewissen Punkt ist die Mutter »arbeitslos«. Das ist ein echtes Dilemma für Frauen, die daran geglaubt haben, daß Kinder ihrem Leben Sinn geben würden. In unserer Kultur ist es Tradition, Frauen zu bestrafen, wenn sie ihre eigenen Interessen und ihre Autonomie verfolgen, besonders wenn sie Mütter sind. Solche Frauen wurden als selbstsüchtig oder sogar unmütterlich betrachtet. Viele Frauen geben angesichts dieser mangelnden Unterstützung auf, indem sie ihre persönlichen Ambitionen und Träume abtun, nur um sie in Form von Erwartungen an ihre Töchter wieder aufleben zu lassen. Für viele Frauen ist die Tatsache, daß ihre Töchter das unbefriedigende Leben der Mutter nicht fortsetzen oder den Müttern keine Erfüllung schenken, zum Ausgangspunkt für eine neue Reise zu sich selbst geworden. Wenn das Kind ihre Träume nicht weiterführt, sieht die Mutter sich vielleicht einem bitteren Verlust gegenüber, muß den Mangel an Gelegenheiten und Unterstützung in ihrem eigenen Leben erkennen und sich damit auseinandersetzen, daß gewisse kulturelle Versprechungen einfach nicht stimmen. Sie muß sich mit den Begrenzungen ihres eigenen Lebens abfinden, sowie damit, daß ihrer Tochter vielleicht mehr Möglichkeiten offenstehen. Wenn sie aber den Schmerz und den Neid, die dieser Bewußtwerdungsprozeß mit sich bringen mag, ertragen kann, hat sie vielleicht auch die Möglichkeit, sich schließlich doch noch von den kulturellen Diktaten freizumachen und für ihr eigenes Leben eine neue Richtung zu gewinnen. Neue Träume können aufkommen, Träume, die jetzt von ihrem sich erweiternden

Bewußtsein und den größeren gesellschaftlichen Möglichkeiten aufgenommen werden können, die infolge des Wiederauflebens der Frauenbewegung aufgetaucht sind. Einige Frauen entdecken, daß die Unterstützung für ein individuelleres Leben sogar von ihren Töchtern kommen kann. Wenn das eigene Leben einer Mutter volle Unterstützung erfährt und ganz gelebt werden kann, hat sie wenig Grund, sich weiter mit dem Leben ihrer Tochter zu verbinden. Einige Mütter scheinen das Gegenteil einer bindenden Mutter zu sein. Statt ihre Töchter eng an sich zu binden, wollen sie sie offensichtlich so weit wie möglich von sich weg und so unabhängig wie möglich wissen (daß die bindende und die verbannende Mutter in einer Person auftauchen kann, wird an dem oben aufgeführten Beispiel von Cassies Mutter deutlich). Die verbannende Mutter ist oft nicht imstande, eine Bindung zu ihrer Tochter herzustellen und fördert statt dessen eine gewisse frühreife, brüchige Selbständigkeit. Von der Tochter wird erwartet, daß sie – oft schon in sehr jungen Jahren – soviel wie möglich allein macht. Ihre Fähigkeiten und der Anspruch, daß sie andere versorgt, werden oft auf Kosten der notwendigen Abhängigkeit und Nähe überstrapaziert. Der Tochter einer solchen Mutter wird vielleicht auch gesagt, sie solle weder weinen noch ihre Gefühle oder Bedürfnisse zeigen, und jedes Anzeichen von Abhängigkeit kann ihr vorgehalten werden, so daß sie sich schließlich dafür schämt. Eine solche Tochter kann sehr unabhängig werden, ohne aber ihre eigenen Grenzen oder Bedürfnisse zu kennen, eine Art »Superfrau«, die weitaus mehr Verantwortung übernimmt, als sie tragen kann, aber nicht zulassen kann, daß andere ihr helfen. Vielleicht weiß sie nicht, wann sie aufhören muß, wenn sie erschöpft ist, kann nicht auf sich achtgeben, wenn sie krank ist, oder sich keine Zeit für ihre eigene Kreativität und ihr eigenes Vergnügen nehmen. Vielleicht unterdrückt sie ihre eigenen Abhängigkeitsbedürfnisse, wie es ihr in der Kindheit beigebracht wurde, oder überträgt sie auf andere, um die sie sich dann kümmern kann. Sie kann ihr eigenes ungeheiltes Kind nur durch die Projektion auf andere ausmachen und sich bewahren.

Kyla war eine solche Tochter. Aufgezogen von einer Mutter, deren nervenaufreibender Beruf ihre ganze Energie in Anspruch nahm, wurde auf Kylas Kindheitsbedürfnisse oft mit der Anweisung:»Das schaffst du schon!« reagiert. Und Kyla lernte, es zu schaffen, sich so viel wie möglich um sich selbst zu kümmern und ihrer Mutter nicht im Weg zu stehen.»Ich lernte im Alter von drei Jahren das Kochen«, sagte sie wehmütig.»Immer wenn ich weinte oder nicht wußte, wie etwas ging, wurde mir gesagt, ich solle aufhören, mich wie ein Baby zu benehmen.« Als Erwachsene machte sie sich ständig Sorgen, ob sie»tüchtig« genug sei, obwohl sie die volle Verantwortung für einen gemeinsamen Privathaushalt trug, zu dem ihr Mann, ihre drei kleinen Kinder und vier weitere Erwachsene gehörten. Häufig half sie auch noch ihrem Mann bei seiner Arbeit und erzählte trotzdem, daß sie das Gefühl habe, nie genug zu tun.

Zu der Zeit, als sie mit der Therapie begann, war sie häufig krank, machte aber solange weiter, bis sie am Rande eines Zusammenbruchs stand, und schalt sich dann noch dafür,»schwach« und»unorganisiert« zu sein. Insgeheim war sie ärgerlich auf die anderen, weil diese nicht ihren vollen Anteil übernahmen. Wurde sie aber gedrängt, ihre Bedürfnisse zu äußern und um Hilfe zu bitten, blieb sie dabei, daß die Bedürfnisse der anderen berechtigter seien, weil sie außer Haus»wirkliche« Berufe und Verantwortlichkeiten hatten. Sie nahm sich niemals einen Tag frei, hatte niemanden, der regelmäßig auf die Kinder aufpaßte, und war jedesmal, wenn sie krank wurde, außer sich und voller Panik. Nur indem sie die mütterliche Vorstellung, total»unabhängig« von anderen zu sein, aufgab, und lernte, Mitgefühl und Sorge zu empfinden für das überarbeitete Kind, das sie gewesen war, sowie für die überlastete Frau, zu der sie geworden war, konnte sie anfangen, die Fürsorglichkeit in ihrem Leben so zu verteilen, daß sie auch ihr selber galt.

Die verbannende Mutter ist oft eine Frau, die als Kind selbst in keiner Weise angemessen Zuwendung erhielt. Sie weiß vielleicht nicht, wie sie ihrer Tochter Zuwendung geben oder eine enge Bindung fördern kann. Außerdem können die Bedürfnisse ihres eigenen ungeheilten Kindes so groß sein, daß sie von ihrer Tochter bemuttert werden will und die Möglichkeit, selbst umsorgt und befriedigt zu werden, auf ihr eigenes Kind projiziert. Oder sie ist die Tochter einer extrem bindenden Mutter und hat beschlossen, ihre

Tochter »frei« zu lassen, indem sie sie ständig auf Distanz hält und jeder Nähe mißtraut. In jedem Fall war die eigene Mutter der verbannenden Mutter ein unzulängliches oder verzerrtes Rollenvorbild, und sie hat vielleicht keine Möglichkeit gehabt, Erfahrungen zu machen, die dieses Bild korrigiert haben. Und trotzdem erwartet die Gesellschaft von ihr, daß sie weiß, wie sie eine gute Mutter sein und »es richtig machen« kann, ganz gleich, wie ihre persönlichen Erfahrungen mit dem Bemuttertwerden und die Prägung durch ihre eigene Vergangenheit aussehen.

Es kann auch sein, daß die verbannende Mutter – außer daß eigene Probleme es ihr erschweren, Intimität und Nähe zu ihrer Tochter herzustellen – unbewußt gegen das traditionelle Bild der »abhängigen« und »schwachen« Frau rebelliert. Sie möchte ihre Tochter vielleicht vor einem Zustand bewahren, den sie als »Schicksal« der Frau sieht, indem sie auf traditionell männliche Werte wie Zähigkeit, emotionale Zurückhaltung und Leistung übermäßigen Wert legt. Die Tochter, die diese Werte übernimmt, kann die fürsorgliche weibliche Rolle ganz vermeiden oder, wie Kyla, diese Werte innerhalb der weiblichen Rolle verwirklichen und damit in einen anderen Aspekt des Klischees verfallen: die Frau, die sämtliche Bedürfnisse von anderen erfüllt, ohne selbst Bedürfnisse zu haben.

Gewiß gelingt es vielen heutigen Frauen, in einem ausgewogenen Maße sowohl eine enge Verbindung zu ihren Töchtern herzustellen als diese auch in ihrer Andersartigkeit und Autonomie zu unterstützen. Die intensive Arbeit der Frauenbewegung hat die Gesellschaft trotz Gegenreaktionen und Rufen nach einer abwehrenden Regression in die »guten alten Zeiten« infiltriert und Früchte getragen. Trotz der real weiter bestehenden Schwierigkeiten und Härten haben Frauen und Mädchen heute mehr Unterstützung als ihre Mütter damals sowie größere und zahlreichere Möglichkeiten. Selbst das gesellschaftliche Bild von »der Frau« ist reicher und vielseitiger geworden. Das hat auf viele Frauen, die heute Töchter großziehen, tiefgreifende Auswirkungen gehabt und sie in die Lage versetzt, ein umfassenderes Maß an Selbstverwirklichung für sich und ihre Kinder ins Auge zu fassen und zu unterstützen. Es hat auch einigen älteren Frauen und deren erwachsenen Töchtern die Möglichkeit eröffnet, neue Beziehungen miteinander aufzubauen, die die Gegensätzlichkeiten der Vergangenheit umwandeln in eine gegenseitige Fürsorglichkeit von Müttern und Töchtern.

Außerdem versuchen immer mehr Frauen, die Verantwortung für die Prägung durch ihre eigene Geschichte zu übernehmen und sich durch psychologische oder spirituelle Arbeit selbst zu heilen und ein klareres Bild von der Aufgabe des Aufziehens ihrer Töchter zu entwickeln. Solche Frauen haben keine Angst, sich nach korrigierenden Erfahrungen umzusehen, die sich an ihre eigenen unerfüllten Bedürfnisse wenden, oder sich elterliche Fähigkeiten beizubringen, die ihnen aus ihrer eigenen Vergangenheit nicht zugänglich sind. Selbst Frauen mit großen Töchtern finden dies für sich möglich; wenn beide Frauen bereit dazu sind, ist es niemals zu spät, sich der Qualität der Beziehung zwischen Mutter und Tochter zu widmen und sie zu verändern.

Eine siebzigjährige Frau wandte sich am Ende eines Workshops an mich und erzählte mir ihre Geschichte. Nachdem sie sich von ihrer eigenen Mutter überhaupt nicht geliebt und weggestoßen gefühlt hatte, war diese Frau fest entschlossen, mit ihrer Tochter »alles anders zu machen«. In der ganzen Zeit der Kindheit und des Heranwachsens ihrer Tochter überschüttete sie diese mit Fürsorge und gab ihr alles, was sie niemals bekommen hatte. Sie genoß das Mutterdasein und glaubte, ihre Tochter sei wunderbar versorgt. Deswegen war es für sie ein großer Schock, als ihre Tochter – inzwischen eine Frau in mittleren Jahren – ihr viele Jahre später mitteilte, daß sie aufgrund von »Mutterproblemen« eine Therapie angefangen habe. Ärgerlich enthüllte die Tochter ihr, wie wenig sie sich in all den Jahren ihres Heranwachsens bemerkt gefühlt habe. Als ihre Mutter protestierte und sie darauf hinwies, wie gut sie versorgt worden sei, entgegnete die Tochter: »Du hast das für Dich getan, nicht für mich. Du hast mir all das gegeben, was Du gern gehabt hättest. Du hast mich nie gefragt, ob ich das überhaupt auch haben wollte.« Obwohl verletzt und total erschüttert, war die ältere Frau auch erstaunt und wißbegierig. Sie hatte immer geglaubt, in engem Kontakt mit ihrer Tochter zu stehen. Wie kam es, daß die Wahrnehmungen ihrer Beziehung so auseinanderklafften? Da sie die Tochter ernst nahm, statt nur ihre eigene Position zu verteidigen, bot sie ihr mutig an, mit ihr zusammen zu ihrer Therapeutin zu gehen und sogar selbst eine Therapie anzufangen, sollte es notwendig sein, dies alles zu erforschen und durchzuarbeiten. Die Tochter, überrascht, daß ihre Mutter so weit für sie gehen wollte, und tief gerührt, nahm das Angebot ihrer Mutter an und lud sie ein, mit in ihre Therapie zu kommen. Als ich der Mutter begegnete, waren sie und ihre Tochter immer noch in Therapie. Die anfängliche Phase, in der die Diskrepanz zwischen ihren Sichtweisen zutage kam und die Vergangenheit der Mutter erforscht wurde, war für beide schmerzlich gewesen, berichtete sie, aber für jede entstand daraus ein klareres Verständnis für die andere. Jetzt nehmen beide die Beziehung als eine bewußt und gegenseitig geschaffene wahr, die in der Realität und den Unterschieden zwischen beiden Frauen wurzelt, statt lediglich die aufgesetzten »Vorstellungen« der einen oder anderen zu bestätigen.

Dies ist meiner Erfahrung nach eine ungewöhnliche Geschichte, die in dem Mut und dem grundlegenden Hunger nach Wahrheit begründet ist, den beide Beteiligten zeigen. Wenn immer mehr Mütter und Töchter ihre Geschichte erzählen, ihre eigenen Erfahrungen formulieren und sie von den eigenen sowie von den gesellschaftlichen Vorstellungen und Erwartungen in bezug auf Frauen trennen, entstehen vielleicht immer mehr authentische Beziehungen, die beiden Frauen die volle Entfaltung ihrer Menschlichkeit erlauben. Auf der menschlichen Ebene ist die Wahrheit niemals »ideal«; nur wenn die idealen Bilder aufgegeben oder in Bezug zu ihrem transpersonalen Ursprung gesetzt werden, kann die Wahrheit darüber zutage treten, wie Menschen sich aufeinander beziehen.

4 Körperkontakt zwischen Mutter und Tochter

Das Bedürfnis nach Berührung ist für uns alle in jeder Altersstufe ganz grundlegend. Babys, die in sämtlichen anderen Bereichen körperlich perfekt versorgt, aber nicht gestreichelt und gehalten werden, sterben tatsächlich. Der Mythos in unserer Kultur, daß Frauen Berührungen leichter fallen als Männern, scheint, auf den ersten Blick gesehen, wahr zu sein. Aber die oberflächliche Umarmung oder der flüchtige Kuß auf die Wange, die viele Frauen zur Begrüßung miteinander austauschen, kann ebenso körper- und emotionslos sein wie jede andere leere Geste, die als gesellschaftlich angemessen gilt. Berührungen, die ein tiefes Gefühl vermitteln oder mit denen wir versuchen, eine wirkliche körperliche Verbindung herzustellen, können für viele Frauen trotzdem beängstigend sein.

In einer Kultur wie der unseren, in der das Bild des weiblichen Körpers so stark manipuliert wird und Frauen schon früh lernen, ihr körperliches Selbst abzulehnen und zu verzerren, kann das Unbehagen bei Berührungen wohl kaum allein auf mütterliche Einflüsse zurückgeführt werden. Trotzdem lernen viele Frauen von ihren Müttern, was sie von weiblichen Berührungen zu erwarten haben, und ob diese zu fürchten oder zu begrüßen sind. Außerdem beeinflußt die mütterliche Beziehung zum eigenen Körper nachdrücklich die Haltung der Tochter zu ihrem Körper. Eine positive körperliche Beziehung zwischen Mutter und Tochter kann einer Frau helfen, sich in ihrem körperlichen Selbst sicher genug zu fühlen, um dem gesellschaftlichen Druck und Ansturm, sich den Bildern des »richtigen« Körpers anzupassen, einiges entgegenzusetzen, während negative Erfahrungen mit ihrer Mutter sie dafür angreifbarer machen.

Die Sitzung, in der das Thema Berührung im Mittelpunkt steht, ist in jedem Kurs, den ich bislang über die Mutter-Tochter-Beziehung gehalten habe, die schwierigste gewesen. Selbst das persönliche Protokoll, das ich jede Frau bitte, zwischen den Sitzungen zu schreiben, um für sich auf die Fragen einzugehen, die um das jeweilige Thema kreisen, wird an diesem Punkt unterbrochen. Im Kurs selbst gibt es während dieser Sitzungen oft lange, peinliche Schweigepausen. Frauen fällt es schwer, über die Erfahrungen mit Berührungen zu sprechen, die sie mit ihren Müttern gemacht haben. Während einige Frauen positive Erinnerungen an mütterliche Berührungen haben, sind die Erinnerungen anderer zu schmerzlich, als daß sie offen darüber sprechen könnten – Erinnerungen an Sehnsüchte und Entbehrungen oder Geschichten von Mißhandlung. Außerdem kann es schwierig sein, über Berührungserfahrungen zu sprechen, weil sie non- oder sogar präverbal sind und niemals in Worte gefaßt wurden; vielleicht »wissen« wir gar nicht, wie unsere Erfahrungen mit Berührungen aussehen, bevor wir nicht um Worte kämpfen, die sie uns bewußt machen.

Berührungen können uns beruhigen, trösten, uns Zuwendung und ein Gefühl von der »Anwesenheit« des anderen sowie Sinnlichkeit, Sexualität, Bestrafung, Grenzen, Wut, Haß und sogar Mordabsichten vermitteln.[21] Berührungen enthalten, was ich als die »Wahrheit« des Körpers betrachte, eine Wahrheit, die nicht unbedingt mit dem übereinstimmen muß, was uns verbal vermittelt wird, und manchmal sogar in starkem Gegensatz dazu steht. Sandys Mutter zum Beispiel hat ihre Tochter, als Sandy noch klein war, unter dem Vorwand, »Spiele zu spielen«, immer gekniffen oder geschlagen, bis das Kind geweint hat, und es dann ausgelacht, weil das doch »nur ein Spiel« sei. Weil ihre Mutter sie nur berührt hat, um sie zu schlagen oder zu versorgen, hat Sandy schon früh erfahren, daß die Berührung der Mutter eines der mächtigsten Mittel war, mit dem diese ihre kaum unterdrückte Wut und Groll auf die Tochter äußerte, eine Wahrheit, die sowohl von Sandys Mutter als auch von ihrem Vater immer wieder verbal verneint wurde. Eine solche Widersprüchlichkeit ist für ein kleines Kind verwirrend, und es muß sich mit der Zeit wahrscheinlich entscheiden zwischen seiner eigenen

Wahrnehmung dessen, was ihm nonverbal vermittelt wird, und dem, was ihm gesagt wird.

Mütter berühren ihre Töchter auf verschiedenste Weise. Die mütterliche Berührung kann voller Zuneigung sein und sich so äußern, daß die Mutter das Kind umarmt, schaukelt, hält oder küßt. Mütter können auch zudringlich sein, wie beim »Inspizieren« des kindlichen Körpers auf der Suche nach vermeintlichen Defekten, oder das Kind mit exzessivem Kitzeln überfallen. Manche Mütter berühren ihre Töchter nur, um sie zu bestrafen, indem sie ihnen Klapse geben, sie kneifen, schlagen oder herumstoßen. Und schließlich benutzen einige Mütter Berührungen auch, um ihre Töchter zu belästigen, sie zu erregen und für ihre eigene sexuelle Befriedigung zu benutzen oder sie an sexuell erregbaren Stellen anzufassen.[22]

Die Mutter, die imstande ist, ihre Tochter voller Zuneigung und einfühlsam zu berühren, schafft für diese ein Vermächtnis an positiven körperlichen Erfahrungen. Hat die Tochter das Gefühl, sowohl körperlich als auch emotional geliebt worden zu sein, wird sie das Bewußtsein, daß ihr Körper positiv ist und Pflege und Aufmerksamkeit verdient, weitertragen. Berühren und berührt werden wird dann nicht krankhaft vermieden oder von ihr als fremd empfunden, sondern viel eher zum Bestandteil ihrer Fähigkeit, sich auszudrücken und von anderen etwas anzunehmen. Die Prägung durch positive mütterliche Berührungen schafft eine gewisse »sichere Basis« für die körperlichen Erfahrungen der Tochter, zu der sie jederzeit zurückkehren kann, um Sicherheit und Klarheit über die verwirrenden und verzerrten Botschaften zu gewinnen, die ihr von der Kultur vielleicht übermittelt werden. Die Berührung der Mutter beinhaltet eine »ganze Welt für sich«, eine nonverbale Welt, die verbunden ist mit ursprünglichen Erfahrungen von Liebe, Sicherheit und eines »Zuhauses«. Selbst im Erwachsenenleben der Tochter kann die Berührung der Mutter diese Welt sofort wieder herstellen. Eine Frau entdeckte dies, als sie sich in äußerst traumatischen Umständen befand. Paula hatte sich ihrer Mutter seit einiger Zeit entfremdet gefühlt, und diese Entfremdung schien die natürliche Folge der schwierigen Zeiten zu sein, die sie in Paulas Teenagerzeit durchlebt hatten. Eine medizinische Notsituation, als Paula Anfang Zwanzig war, bot ihnen Gelegenheit, wieder zusammenzukommen, und bildete den Boden für die spätere enge Beziehung, die sich zwischen ihnen entwickelte. Paula wurde unter großen Schmerzen schnell ins Krankenhaus gebracht, wo man entdeckte, daß sie eine ektopische [an der falschen Stelle liegende, Anm.d.Ü.] Schwangerschaft hatte und sofort operiert werden mußte. Als ihre Mutter eintraf, stand Paula kurz vor der Operation. Obwohl sie von den Medikamenten geschwächt war, hatte Paula doch Angst davor, wie ihre Mutter auf ihre unglückliche Schwangerschaft reagieren würde. Ihre Mutter legte ihrer Tochter still die Hand auf die Wange. Durch die Berührung in diesem Augenblick kam Paula die ganze Geschichte mütterlicher Fürsorge wieder zu Bewußtsein. Durch die Gegenwart der Mutter wurden ihr die Sicherheit und die Liebe, die sie als Kind erfahren und die sogar in ihrer turbulenten Pubertätszeit existiert hatten, vermittelt, und sie wußte, daß alles gut werden würde.

Für Frauen, die von ihren Müttern nur in negativer Form berührt oder denen Berührungen ganz vorenthalten wurden, ist das Vermächtnis ihrer Kindheitserfahrungen nicht so wohltuend. Die Frau, deren Erfahrungen mit mütterlichen Berührungen geprägt waren von Zudringlichkeit, Bestrafung oder Sexualität, gewöhnt es sich vielleicht an, ihren Körper gegen Berührungen zu »panzern«. Diese Panzerung kann sich in chronischen Muskelverspannungen äußern oder in dem psychischen Gefühl, der Körper sei »tot« oder roboterhaft. Im letzteren Fall kann die Frau auf der körperlichen Ebene ein ständiges Gefühl von Unwirklichkeit haben und innere sowie äußere Körperempfindungen abwehren. Sie kann sich »totstellen«, wenn jemand sie berührt, oder es immer wieder versäumen, innere Anzeichen für Krankheit oder Schmerz wahrzunehmen. Die Möglichkeiten, körperliche Lust zu empfinden, können bei ihr stark eingeschränkt sein oder fast gar nicht für sie existieren; vielleicht lebt sie, als gäbe es nur ihren Kopf. Sie wird mit ziemlicher Sicherheit nicht angemessen für ihre körperlichen Bedürfnisse sorgen oder die mütterliche Behandlung ihres Körpers wiederholen, indem sie ihn vernachlässigt oder mißbraucht.

Viele Frauen sind nicht »in« ihrem Körper. Sie mögen sich schön anziehen und oberflächlich um ihre körperliche Erscheinung und ihr

Wohlbefinden besorgt sein, aber auf einer tieferen Ebene betrachten sie ihren Körper als »Ding«, das unter Kleidern verborgen, geschmückt und so hergerichtet werden muß, daß andere es akzeptieren und mögen. Ihre Empfindungslosigkeit oder ihr Haß in bezug auf den Körper mag für die Außenwelt gar nicht sichtbar sein. Eine Frau, mit der ich arbeitete, war Gymnastiklehrerin. Nach außen hin schien sie viel über körperliche Gesundheit und körperliches Wohlbefinden zu wissen und sich darum zu bemühen. Ich nahm an, daß sie auch zu ihrem eigenen Körper eine positive Beziehung und positive Gefühle habe. Anfangs wies nichts auf das Gegenteil hin. Dann eines Tages, nach einer besonders schmerzlichen Sitzung, fragte ich sie, ob sie gern umarmt werden möchte. Auf ihrem Gesicht erschien für einen Augenblick ein Ausdruck unverhüllter Sehnsucht, als sie Ja sagte. Aber als ich meine Arme um sie legte, war ich schockiert. Ihr Körper war schlaff und so leblos wie ein Stück Holz. Ich hatte den deutlichen Eindruck, daß auf der körperlich-psychischen Ebene »niemand zu Hause« war. Ganz allmählich kam sowohl in den bewußten Inhalten der Therapie als auch in ihren Träumen ihre wahre Einstellung zu ihrem Körper zum Vorschein. Ganz im Gegensatz zu ihren informierten Bemühungen um das körperliche Wohl anderer, haßte diese Frau ihren Körper und wollte ihn loswerden. Sie trieb zuviel Gymnastik, hielt zuviel Diät und verabscheute sämtliche körperlichen Manifestationen ihrer Weiblichkeit, wie zum Beispiel die Menstruation. Und doch war auch die Sehnsucht, die ich für einen kurzen Augenblick in ihrem Gesicht gesehen hatte, ein Teil von ihr, und kam als Gegengewicht zu ihrem Haß und als Zeichen für ihre wirklichen Bedürfnisse langsam zum Vorschein. Sie war schockiert, als sie entdeckte, daß ich ihren Haß auf das Frausein und die weiblichen Körperfunktionen nicht teilte. Obgleich sie das kaum zulassen konnte, sehnte ein Teil von ihr sich danach, sich mit mir zu identifizieren, eine positive Einstellung zur Weiblichkeit zu übernehmen und damit ein ganz anderes Bild vom weiblichen Körper als das, das sie von der Gesellschaft und von ihrer Familie angenommen hatte. Viele Faktoren waren für die negative Einstellung verantwortlich, die diese Frau zu ihrem Körper hatte, von denen ihre Erfahrungen mit ihrer Mutter nur einen kleinen Teil bildeten. Trotzdem war es bezeichnend, daß die Mutter dieser Frau ihr in dem Augenblick, als ihr jüngeres Geschwister geboren wurde, sowohl Berührungen als auch andere Formen von Zuwendung entzogen hatte, und zwar mit der Behauptung: »Das Baby braucht meine Aufmerksamkeit. Du bist jetzt ein großes Mädchen.« Diese Frau hatte sich von jenem Zeitpunkt an von ihrer Mutter körperlich und psychisch verlassen gefühlt.

Einige dieser Symptome von »sich totstellen« oder sich nicht um körperliche Bedürfnisse kümmern können auch bei Frauen auftauchen, die von ihren Müttern nur wenig oder gar nicht berührt worden sind. Außerdem haben diese Frauen vielleicht nur ein schwach entwickeltes Körperbild und nur wenig oder kein Gefühl für körperliche Grenzen. Karen, die von ihrer Mutter niemals in angenehmer Weise berührt worden war, gestand ihrem Körpertherapeuten, daß sie überhaupt keine Vorstellung davon habe, wieviel »Platz« sie einnähme; sie konnte sich nicht als Körper im Raum wahrnehmen. Sie wußte auch nicht, wie andere ihren Körper wahrnahmen. Kam sie ihnen dick vor? Oder dünn? Faßten andere Menschen sie gern an, oder fühlten sie sich von ihr abgestoßen? Als sie schließlich den Mut aufbrachte, ihren Therapeuten während einer Massage nach seinen Gefühlen zu fragen, und die Antwort lautete, daß ihr Therapeut sie gerne massiere, brach Karen in Tränen aus. Sie hatte sich auf dieser Ebene niemals geliebt oder bestätigt gefühlt und insgeheim geglaubt, sie sei abstoßend. Ilsa, eine Frau, mit der ich Therapie gemacht habe, und die, soweit sie sich erinnern konnte, von ihrer Mutter niemals liebevoll berührt worden war, hatte ähnliche Schwierigkeiten. Sie wuchs in einer körperlosen Welt auf, umgeben von Frauen – ihrer Großmutter, zwei Tanten und ihrer Mutter –, und trotzdem berührten die Frauen sich weder untereinander noch sie. Ilsa wog zuviel und hatte das Gefühl, ihr Übergewicht zu brauchen, um ihren Körper überhaupt zu spüren; sie hatte jedoch keinerlei Vorstellung von ihrer tatsächlichen Größe und ihrem körperlichen Umfang. Ich schlug vor, daß Ilsa sich auf ein großes Stück Packpapier legen und eine Freundin die Umrisse ihres Körpers nachzeichnen solle. Das Ergebnis war für sie wie ein Schock – sie war in Wirklichkeit viel kleiner, als sie gedacht hatte. Wie Karen glaubte auch Ilsa, sie sei körperlich abstoßend. Beide Frauen nahmen an, daß ihre Mütter sie aus diesem Grunde niemals berührt hatten.

Viele Frauen, die aufwuchsen, ohne von ihren Müttern liebevoll berührt zu werden, fühlen sich als Erwachsene wie ausgehungert; sie sehnen sich danach, ihre Mütter und andere Frauen zu berühren und von diesen berührt zu werden, aber diese Gefühle sind ihnen außerordentlich unangenehm. Ihr Hunger hat vielleicht keine konkrete Form, und sie können ihn nicht benennen oder sich vorstellen, ihn jemals zu äußern und zu befriedigen. Sie können das Gefühl haben, daß mit ihnen etwas »falsch« ist, weil sie Sehnsucht verspüren, berührt zu werden. Oder sie haben Angst, daß ihre Phantasien unnormal oder pervers sind. Unsere Kultur mit ihrer starken Betonung auf Mann-Frau-Beziehungen und ihrer Tendenz, sämtlichen Berührungen eine sexuelle Ausrichtung zu geben, bietet der Frau keine Hilfe, die versucht, ihre eigenen Bedürfnisse zu verstehen und in ihnen einen Sinn zu finden. Ohne eine Sprache oder Vorbilder, mit deren Hilfe sie ihr Bedürfnis, sich mit anderen Frauen zu verbinden, verstehen kann, wirft sie sich mit ihrer ganzen Bedürftigkeit in diesem Bereich vielleicht in die Beziehung zu einem Mann, nur um sich enttäuscht, ängstlich oder ärgerlich zu fühlen, wenn er annimmt, daß sie ihn zum sexuellen Austausch einlädt.

Die Frau, die in der Beziehung zu ihrer Mutter berührungshungrig aufgewachsen ist, kann geheime Sehnsüchte haben, von einer anderen Frau angenommen, im Arm gehalten, gestreichelt und getröstet zu werden. Sie kann außerordentlich neugierig auf den Körper anderer Frauen sein. Wenn ihr eigener Körper von ihrer Mutter als schmutzig, nicht akzeptabel oder abstoßend betrachtet wurde, kann sie sich sehnlichst wünschen, nackt gesehen zu werden, um über die Augen und die Anteilnahme einer Frau, die ihren Körper akzeptiert und positiv anschaut, sich selbst neu benennen und schätzen zu lernen. Auf einer tieferen und ursprünglicheren Ebene empfindet sie vielleicht den dringenden Wunsch, mit einem anderen Körper, der wie der ihre ist, zu verschmelzen oder sich mit ihm zu vereinigen, um sich in jemandem aufzulösen, der »größer« ist als sie selbst, und auf magische Weise an dem Wesen und dem Wert dieses Menschen teilzuhaben.

60

Berührungshunger kann bei einer Frau einhergehen mit Berührungsangst oder dazu führen. Die Frau, die nicht berührt wurde, kann zwischen ihrer Sehnsucht und ihrer Angst schmerzlich hin- und herschwanken. Da sie Berührungen zwischen Frauen in ihrer Vergangenheit nicht als normalen, sicheren und natürlichen Ausdruck von Zuneigung und Fürsorge gezeigt bekam, scheinen sie ihr etwas Schreckliches zu sein, das ihr fern liegt – mysteriös, beängstigend und unbekannt. Vielleicht äußert sie die Angst, »lesbisch zu sein«, wenn sie von einer anderen Frau berührt oder im Arm gehalten werden möchte. Die Sehnsucht zu verschmelzen wird zum Schrecken davor, sich aufzulösen, von der anderen »vereinnahmt«, »aufgesaugt« zu werden. Eine weitere, verbreitete Angst der berührungshungrigen Frau ist die Angst, »zuviel zu wollen«, »zu weit zu gehen«, die Angst, ihre Bedürfnisse könnten unersättlich sein und die andere Frau ängstigen oder abstoßen. Sie kann befürchten, »auseinanderzufallen«, auf die Stufe eines kleinen Mädchens zu regredieren, wenn ihre Bedürfnisse, berührt und gehalten zu werden, erfüllt werden. Ihre erwachsene Persona könnte zerbröckeln, so fürchtet sie, ohne daß sie imstande ist, sie wieder zusammenzusetzen. Ein Teil dieser Angst kann realistisch sein. Berührungen vermindern manchmal unsere Abwehr, so daß vorübergehend ein verletzlicheres Selbst zum Vorschein kommen kann. Frauen, für die Berührungen kein großes Thema sind, können diese Erfahrungen als positiv betrachten und sie um der therapeutischen Wirkung willen anstreben. Eine Frau, die zum Beispiel den Kummer über einen ganz wesentlichen Verlust in ihrem Leben zurückhalten muß, kann Trost in den Armen einer Freundin suchen, um »loslassen« und ihre Gefühle ausdrücken zu können. Die Berührungen und die Anteilnahme der Freundin »halten sie zusammen«, und stellen ihr vorübergehend das Gefäß zur Verfügung, in dem sie sich »gehen lassen« kann. Selbst ziemlich beängstigende Emotionen können in der Sicherheit eines solchen Gefäßes toleriert werden, weil die Frau weiß, daß sich am Ende ihr Ich wieder herstellen und ihre Freundin sie wieder in ihr normales Leben entlassen wird, das jetzt, wo sie ihren Kummer mitgeteilt und freigesetzt hat, leichter sein wird. Die meisten Frauen, die imstande sind, solche Erfahrungen mit anderen Frauen (und auch mit Männern) anzustreben, haben ähnliche Erfahrungen mit ihren Müttern gemacht. Die körperliche und emotionale Präsenz der Mutter bot ihnen eine Zuflucht, in der sie sich kurzzeitig gehenlassen, die Gefühle freisetzen und dann wieder sicher in das normale Leben entlassen werden konnten. Wiederholte Erfahrungen wie diese können leicht in die Fähigkeit übersetzt werden, sich im eigenen Erwachsenenleben nach anderen Frauen umzuschauen und ihnen auf dieser Ebene zu vertrauen.

Der Frau mit Berührungsängsten ist eine solche Erfahrung jedoch fremd und unbekannt. Kein Aspekt eines solchen Erlebnisses kann von ihr selbstverständlich hingenommen werden. Sie kann Angst vor den Gefühlen haben, die hochkommen, wenn sie berührt wird, den Tränen, der Wut, den Wünschen oder Erinnerungen, die dicht unter der Oberfläche schwelen. Sie kann gegen die Öffnung ihrer üblichen Ich-Grenzen Widerstand leisten und entsetzt sein bei der Aussicht, irgendeinen anderen Menschen – vielleicht vor allem eine Frau – ihr »Gefäß« sein zu lassen. Sie hat keinerlei Erfahrung damit, sich gehen zu lassen und wieder zusammenzusetzen. Sie glaubt vielleicht wirklich, sich niemals wieder rekonstituieren zu können, wenn sie aufmacht. Und schließlich hat sie keine Basis für das Vertrauen, daß eine andere Frau ihr hilft, nach einer solchen Erfahrung wieder ins Leben zurückzukehren. Statt dessen befürchtet sie vielleicht, daß die andere Macht über sie gewinnt, wenn sie es wagt, ihr zu vertrauen, daß diese sich über sie lustig macht oder ihre Verletzlichkeit ausnutzt.

Es kann sein, daß Regression genau das ist, was die berührungshungrige/berührungsängstliche Tochter braucht. Auch hier mag ihre Angst davor, wo Berührungen hinführen könnten, realistisch sein, denn manchmal bringen Berührungen uns zurück zu den Orten unserer ersten Erfahrungen, wo wir festhängen, weil wir verletzt oder nicht beachtet wurden. In ihren hungrigen Augenblicken kann sie sich sogar danach sehnen, »auf ein Kind reduziert zu werden«, um ihren Schmerz loszulassen und zu zeigen oder das zu erleben, was ihr immer gefehlt hat. Was der ängstliche Aspekt in ihr nicht sehen kann, ist, daß der Sinn einer solchen Regression darin liegt, solche Dinge »aufzulösen«, auf die Bedürfnisse des ungeheilten Kindes einzugehen und ihm zu helfen, sich zu einem gesünderen Erwachsenen zu entwickeln. Vorübergehende Regressionen, um schließlich ein besser geerdetes, sicheres Erwachsenen-Ich zu entwickeln, sind Teil vieler therapeutischer Erfahrungen. Der vorsichtige Einsatz von Berührungen ist nur eines von vielen Mitteln, die das bewirken können.[23]

Selbst die elementarsten Berührungen können für die berührungsängstliche Frau erschreckend sein. Jennys Mutter hatte eine krankhafte Angst vor Kontakt mit dem eigenen Geschlecht. Jeder Nähe zwischen Frauen zutiefst mißtrauend, unterband sie sogar Jennys Beziehung zu deren bester Freundin, als Jenny elf Jahre alt war, um ihrer Tochter Jahre später zu erzählen: »Dein Vater und ich, wir haben uns solche Sorgen um dich gemacht.« Jennys Mutter haßte es, berührt zu werden. Immer wenn ihre Tochter sich ihr näherte, um sie zu umarmen oder zu küssen, stieß sie sie weg oder versuchte, ihr aus dem Wege zu gehen. Jenny wuchs in dem Glauben auf, daß die Zuneigung zwischen Frauen überhaupt nicht richtig und sämtliche Berührungen sexuell seien, wie ihre Mutter offensichtlich glaubte. Aber insgeheim sehnte sie sich nach der Nähe zu einer Frau, die auch Berührungen einschloß, und war neidisch auf ihre Freundinnen, denen es leichter fiel als ihr, Zuneigung zu zeigen. Kontaktfreudig und sympathisch wie Jenny war, hatte sie viele Freundinnen. Liebevolle Berührungen wären bei ihrem fürsorglichen Wesen eigentlich ganz natürlich gewesen, und trotzdem hatte sie immer das Gefühl, daß etwas mit ihr nicht stimmte, wenn sie jemanden berühren wollte.

Als sie mit Anfang Zwanzig eine Therapie begann, beschloß Jenny, mit einer älteren Frau zu arbeiten, weil sie wußte, daß sie ziemlich schwierige Themen, die ihre Mutter betrafen, durcharbeiten mußte und sich als »Frau« besser mit sich fühlen wollte. Eifrig stürzte sie sich in die Beziehung zu ihrer Therapeutin, verschlang die Bücher über weibliche Psychologie, die ihr gegeben wurden, und hatte das Gefühl, als Frau »zu erwachen«. Aber mit der Zeit begann etwas sie zu stören. Als sie sich ihrer Therapeutin näher zu fühlen und deren Fürsorglichkeit zu vertrauen begann, fühlte sie sich von einer ständig wiederkehrenden Phantasie gequält: Sie wollte sich ihr gerne zuwenden und sie berühren.

Als sie diese Phantasie näher erforschten, wurde deutlich, wie simpel sie war. Jenny konnte sich noch nicht einmal eine Umarmung vorstellen; sie wollte einfach nur berühren. Aber jedesmal, wenn sie das spürte, bekam sie einen Angstanfall. Sie hatte das Gefühl, daß etwas mit ihr nicht stimmte. Sie sollte in bezug auf Frauen nicht solche Wünsche haben. Es war nicht richtig, eine andere Frau berühren zu wollen; Berührungen waren Männern vorbehalten. Sie und ihr Mann berührten sich, redete sie sich vernünftig zu; warum war das denn nicht genug? Vom Kopf her verstand sie die Auswirkungen, die die Homophobie ihrer Mutter auf ihr Leben gehabt hatte, aber die irrationalen Ängste blieben weiter bestehen.

Zwei Jahre vergingen. Während es mit der Therapie in anderen Bereichen gut voranging, schälte sich auf diesem Gebiet ein festes Verhaltensmuster heraus, das immer wieder durchgespielt wurde. Von ihrer Sehnsucht getrieben, »bekannte« Jenny ihren starken Wunsch nach Berührungen, ihre Therapeutin bestätigte und ermutigte sie und streckte ihr manchmal sogar ihre Hand entgegen, aber dann wurde Jenny jedesmal total erschrocken und zog sich zurück. Dann begann sie wieder von neuem, Sehnsucht zu verspüren. Daß Jenny ihre Sehnsucht weder unterdrücken noch das Risiko eingehen konnte, ihr Ausdruck zu verleihen, war für sie die reinste Folter. Bis sie eines Tages dann das Muster durchbrach. Sie stand schließlich doch von ihrem Stuhl auf, warf sich ihrer Therapeutin zu Füßen, umfaßte mit ihren Armen die Beine der älteren Frau und legte ihren Kopf in deren Schoß. Die Therapeutin legte ihr sanft die Hand auf den Kopf und fragte: »Fühlst du dich jetzt sicher?« Es entstand ein langes Schweigen. Als Jenny schließlich antwortete, hatte ihre Stimme sich verändert. Es war eine Stimme voller Staunen. »Nicht sicher«, entgegnete sie. »Nicht sicher, sondern ›wirklich‹. Ich fühle mich wirklich. Es ist überhaupt nicht so, wie ich gedacht habe. Es ist nicht ›schmutzig‹ und nicht falsch. Es ist, als wäre ich zum ersten Male wirklich. Und auch Du fühlst Dich für mich wirklich an.«

Viele Frauen fühlen sich in ihrem Körper unwirklich. Für Jenny hatte dieses Gefühl seine Wurzeln in den verzerrten Vorstellungen ihrer

Mutter über die Bedeutung von Berührungen zwischen ihnen sowie deren Unfähigkeit, ihrer Tochter zu vermitteln, daß auch deren Körper akzeptiert und geliebt wurde. Einige Frauen, die Schwierigkeiten haben, ihre Töchter zu berühren, leiden unter einer ebenso starken Homophobie wie Jennys Mutter. Einige haben selbst eine Vergangenheit zu überwinden, in der Berührungsmangel und körperlicher Mißbrauch eine Rolle spielten. Manche Frauen fühlen sich zwischen Ehemann und Tochter hin- und hergerissen in dem Glauben, der Körper einer Frau habe an erster Stelle ihrem Mann zu gehören und sämtliche Berührungen hätten ihm zu gelten. Dieses extrem patriarchalische Denken existiert in unseren Kulturkreisen immer noch. Ich erinnere mich an ein lebhaftes Beispiel für diese Haltung, das eine Freundin von mir bot, als sie entdeckte, daß ich meine kleine Tochter stillte. »Hat denn Dein Mann nichts dagegen?« fragte sie. Ich brauchte eine Weile, um zu verstehen, worauf sie hinauswollte, daß nämlich meine Brüste in gewisser Weise nur für seine sexuelle Lust bestimmt seien, und daß das Vorrang vor ihrer Funktion, ein Kind zu stillen, haben sollte. Da mein Mann die Ansicht meiner Freundin nicht teilte, fühlte ich mich nicht gedrängt, mich zwischen den Bedürfnissen meiner Tochter und seiner Lust entscheiden zu müssen. Aber viele Frauen fühlen sich unter diesem Zwang, nicht nur, wenn ihre Töchter gestillt werden, sondern auch zu anderen Zeiten ihres Lebens.

Manchmal sind Berührungen Teil der frühen Mutter-Tochter-Beziehung und hören dann auf. Oft geschieht das in der Pubertät. Vielleicht wird der Tochter gesagt, sie sei »zu alt« zum Schmusen und Umarmen, oder sie weicht selbst vor der mütterlichen Umarmung zurück. Die sich entwickelnde Sexualität der Tochter und die psychische Reaktion, die diese in beiden Frauen auslöst, kann eine unausgesprochene Schranke gegen weitere Berührungen zwischen ihnen bilden.[24] Die freudianisch begründete Erwartung, die Tochter habe ihre Zuneigung für ihre Mutter auf ihren Vater und dann auf andere Männer zu übertragen und ihre ursprüngliche Verbindung zu einer Frau völlig aufzugeben, kann hier auch eine Rolle spielen. Oft ist es die Mutter selbst, die ihre Tochter zu dieser gesellschaftlich erwarteten Übertragung anweist, obwohl dieser Vorgang auch von den Heranwachsenden selbst sehr verstärkt wird.

Mütter, die sich in ihrem eigenen Körper wohlfühlen und denen es auch angenehm ist, mit dem Körper ihrer Tochter Kontakt zu haben, vermachen dieser das Erbe, als Frau»wirklich« in einem weiblichen Körper zu sein. Sie helfen der Tochter, sich in sich wirklich und angenommen zu fühlen, ganz unabhängig davon, inwieweit ein Mann sie bestätigt und akzeptiert. Dann kann dieser ein bereits vorhandenes sicheres Selbstgefühl zusätzlich bestätigen, statt den Hunger des ungeheilten Kindes auszulösen, der zusammen mit dem Bedürfnis hochkommt, gehalten zu werden und Zuwendung zu erhalten, von einem Mann zu bekommen, was die Mutter ihr nicht gab. In unserer Kultur ist es für eine Frau eine Leistung (und für einige sogar eine Individuationsaufgabe), wenn sie sich in ihrem Körper, so»wie er ist«, sowie mit körperlicher Intimität wohlfühlt. Was sie von ihrer Mutter gelernt hat, ist lediglich eine, wenn auch entscheidende Komponente ihrer Gefühle sich selbst gegenüber, die auf eines unserer grundlegendsten und menschlichsten Bedürfnisse eingeht (oder versäumt, auf dieses einzugehen).

5 Matrophobie und ihre Umwandlung

Die Hülle

Es stimmt, Martin Heidegger, was du geschrieben hast:
Ich habe Angst zu enden, selbst wenn ich weiß,
daß in der Stunde meines Todes meine Töchter
mich in sich aufnehmen, selbst wenn ich weiß,
daß sie mich auf ewig in sich tragen werden,
ein eingesperrter Fötus, ebenso wie ich
den Geist meiner Mutter unter meinem Nabel trage,
eine dreiste androgyne kleine Person, ein Wunder,
das sich in Lotus-Position entfaltet.

Mögen wir unsere Mütter in unseren Bäuchen weitertragen
wie jene alten birnenförmigen russischen Puppen,
die sich in der Mitte öffnen lassen, um noch eine und noch
eine Puppe zu enthüllen bis auf die kleinste Birnengröße.
Mögen wir, fortgeboren von unseren Töchtern,
in der Hülle der Fast-Unendlichkeit dahinfahren,
jenem Kettenbrief, der für die nächsten fünfundzwanzig-
tausend Tage ihres Lebens gilt.

Maxine Kumin[25]

Matrophobie, wie sie von Adrienne Rich in ihrem Buch *Von Frauen geboren* definiert wird, ist nicht die Furcht der Tochter vor der eigenen Mutterschaft, sondern davor, wie die eigene Mutter zu werden.[26] Selbst wenn die Tochter als Erwachsene ein gutes Verhältnis zu ihrer Mutter hat, will sie vielleicht nicht werden wie diese und kann in ihrem Leben sehr weit gehen, damit es dazu nicht kommt. Bei einigen Frauen nimmt das Verhalten, das darauf abzielt, »alles, nur nicht wie die Mutter« zu werden, tatsächlich krankhafte Ausmaße an. Trotzdem kennen die meisten von uns Augenblicke, in denen wir uns dabei ertappen, daß wir uns genauso verhalten wie unsere Mütter, unnachgiebig die gleiche Haltung vertreten oder die gleichen Entscheidungen fällen. Wir schreien ein Kind an und hören die Worte und den Tonfall unserer Mutter, wir geben die gleichen Ratschläge, die sie uns in einem gewissen Alter gegeben hat, wir fällen die gleichen Urteile und sagen uns dann verwirrt und aufgebracht: »Aber das bin ich doch gar nicht! Das ist ja meine Mutter!«

Matrophobie ist die Angst davor, »genauso wie sie« zu sein, eine Angst, die unter Frauen in unserer Gesellschaft vorherrscht, und die manchmal umgeben ist von Grauen und Verzweiflung. Oft sind Frauen fest entschlossen, vor allem nicht wie ihre Mütter zu werden, und versuchen diese psychisch aus ihrem Leben zu vertreiben. Und trotzdem sind wir wie sie…

Wenn ich angespannt bin, kann ich übermäßig hart und kritisch mit allen umgehen, die um mich sind (wie meine Mutter), ich kann mich in meine Arbeit vergraben und sie dazu benutzen, emotional schmerzlichen Situationen auszuweichen (wie meine Mutter), ich kann kalt und distanziert werden und versuchen, Menschen, die mich verletzt haben, zu bestrafen, indem ich mich von ihnen zurückziehe (wie meine Mutter). Andere Frauen stellen vielleicht fest, daß sie sich Autoritäten gegenüber total unterwürfig verhalten – wie ihre Mütter – oder ebenso wie ihre Mütter in das Verhaltensmuster fallen, sich entgegenkommend und versöhnlich zu zeigen, wenn sie in Wirklichkeit wütend sind. Die Liste unwillkommener Ähnlichkeiten ist endlos. Für einige Frauen heißt, wie ihre Mütter zu sein, ohnmächtig zu sein und in der Falle zu sitzen, sich wenig Selbstachtung entgegenzubringen, ein schlechtes Verhältnis zum eigenen Körper zu haben oder von einem unbeherrschten und ausfallenden Machtgehabe besessen zu sein.

Auf der einen Ebene ist Matrophobie die Angst, Teile der mütterlichen Persönlichkeit auszuleben oder einige Aspekte ihres Lebens im eigenen Leben zu wiederholen. Auf einer anderen Ebene steht sie für ein großes Problem mit der eigenen inneren Mutter, für die Unfähigkeit, sie mit sich herumzutragen und sich auf sie zu beziehen. Die matrophobische Frau versucht mit ihren Ängsten auf die gleiche Weise umzugehen wie jede andere phobische Frau auch: indem sie auf jede nur mögliche Weise die Umstände vermeidet, in denen die Angst aufkommt.

Dieses Vermeiden kann sich auf verschiedene Weise äußern. Die Frau kann jede Ähnlichkeit mit ihrer Mutter kategorisch verleugnen oder versuchen, diese Ähnlichkeit ungeschehen zu machen, indem sie ihr Leben möglichst gegensätzlich gestaltet. Sie vermeidet vielleicht mütterliches »Territorium« oder kann sogar versuchen, das Verhalten der Mutter abzustellen, indem sie wiederholt versucht, diese zu ändern.

Der Versuch, ganz anders zu leben als die Mutter, ist eine besonders verbreitete Reaktion auf die Matrophobie. Eine solche Frau (die von Jung als die »Alles, nur nicht wie die Mutter!-Tochter« charakterisiert wird)[27], versucht, in ihrer Persönlichkeit möglichst anders zu sein als ihre Mutter oder sogar das exakte Gegenteil von ihr zu leben. Das Problem ist, daß diese extreme Form von Opposition vielleicht gar nicht den eigenen Neigungen und Vorlieben der Tochter entspricht; sie kann in Wirklichkeit ein »falsches Selbst« leben, um sicherzugehen, daß sie nicht wie ihre Mutter lebt. Das folgende Beispiel illustriert diesen Fall.

Ann wuchs in einem Haus auf, in dem außerordentlich viel Wert auf Sauberkeit und Ordnung gelegt wurde. »Bei uns lag niemals eine Zeitung auf dem Tisch herum, und jedes Buch stand im Regal an seinem Platz«, berichtete sie. »Immer war alles perfekt in Ordnung. Wenn ich eine Freundin einlud, bei mir zu übernachten, mußten wir das ganze Hause saubermachen, einschließlich Fensterputzen! Schließlich kam es dahin, daß ich niemanden mehr einlud, weil das immer so eine Tortur war.« Ann fühlte sich dadurch, daß ihre Mutter ständig auf Sauberkeit aus war, eingeengt und unterdrückt. Sie wurde fortwährend kritisiert, weil ihr Zimmer unordentlich sei, und deswegen als »verantwortungslos« bezeichnet. Sie wuchs mit dem Schwur auf, niemals so »fanatisch« zu werden wie ihre Mutter. »In meiner Studentenbude stapelten sich die schmutzigen Socken«, sagte sie.

Nach ihrer Heirat führte Ann bewußt einen Haushalt, dem man – wie sie sagte – ansehen konnte, daß »gelebt« wurde: auf Eß- und

Schreibtisch stapelten sich die Zeitungen, die Betten blieben häufig ungemacht, und die Hausarbeit wurde unregelmäßig erledigt oder solange wie möglich aufgeschoben. Bewußt hatte Ann das Gefühl, über ihre frühere Konditionierung zu triumphieren, weil sie so »zwanglos« war, trotzdem fühlte sie sich auch oft nicht wohl mit diesem Arrangement. Jeder unerwartete Besuch von Freunden oder Nachbarn brachte schmerzliche Schuld- und Schamgefühle hoch, und sie vermied es sogar, ihre Nachbarinnen zum Kaffeeklatsch einzuladen, wenn sie an der Reihe war, weil sie sicher war, daß die anderen Frauen ihre Haushaltsführung kritisieren würden. Wenn ihr Mann Geschäftspartner zum Essen mitbringen wollte, überkam Ann die Panik. Sie machte dann den ganzen Tag lang sauber und war völlig erledigt, wenn die Gäste schließlich eintrafen. Und selbst dann schämte sie sich noch den ganzen Abend, weil sie sicher war, daß jede andere Frau ihren Haushalt besser führte als sie. Unbewußt richtete Ann sich immer noch nach den perfektionistischen Maßstäben ihrer Mutter und betrachtete die Zwanglosigkeit, die sie glaubte, freiwillig gewählt zu haben, mit den Augen ihrer Mutter: als verantwortungslos.

Als Ann dieses Thema in der Beratung zur Sprache brachte, störte ihr Unbehagen bereits einige Bereiche ihres Lebens erheblich. Sie wollte eine Studiengruppe ins Leben rufen, die sich bei ihr zu Hause treffen sollte, hatte aber zuviel Angst, »was andere Leute denken könnten«, um ihr Vorhaben wirklich durchzuführen. Selbst die Versicherung ihrer besten Freundin, daß »niemand sich darum soviel Sorgen macht wie du«, konnte sie nicht überzeugen. Ihre innere Mutter war sehr besorgt und keinesfalls bereit, sie aus ihrem Griff zu entlassen.

Nachdem sie die Geschichte dieses Mutter-Tochter-Haushaltsthemas gehört hatte, fragte Anns Therapeutin: »Wie würde es aussehen, wenn Sie Ihren Haushalt *für sich* führen würden, statt gegen ihre Mutter? Was würden Sie dann anders machen?« Ann war schockiert über diese Frage. Sie hatte nicht wirklich daran gedacht, ihren Haushalt so zu führen, wie es ihr gefiel; sie wollte einfach nur nicht so sein wie ihre Mutter. Bei weiteren Überlegungen erkannte Ann, daß sie die ganze Beziehung von strenger Mutter und rebellischer Tochter in ihrem Inneren noch einmal durchspielte. Der Perfektionismus ihrer Mutter kam nicht mehr in der äußeren Stimme ihrer wirklichen Mutter, sondern war eingebettet in Anns eigene Schuldgefühle und wurde auf andere projiziert, die sie für kritisch hielt, während die rebellische Tochter in ihr voller Trotz unordentlich war, um sich gegen die unmöglichen Maßstäbe aufzulehnen, denen Ann insgeheim immer noch Macht einräumte. Damit befand sich Ann ständig in einer Doublebind-Situation, wo sie beiden Seiten die Treue hielt, aber ihrem Dilemma niemals entkommen konnte. Durch ihren Konflikt hielt sie sowohl die mütterlichen Maßstäbe als auch das darauf reagierende Kind am Leben, wobei diese ständig im Streit miteinander lagen.

Die Frage ihrer Therapeutin hatte Ann aus ihrem alten Bezugssystem herausgeholt. Als sie anfing, sich zu überlegen, wie die Haushaltsführung für sie aussehen würde, erkannte sie, daß – ihre Mutter einmal ganz beiseite gelassen – große Unordnung sie unglücklich machte. Sie merkte, daß sie lieber ein etwas ordentlicheres Haus hätte. Die Maßstäbe ihrer Mutter waren ihr zu extrem, aber das galt auch für die Haltung des darauf reagierenden Kindes. Keine der beiden Seiten repräsentierte das, was zu ihr als Erwachsener wirklich paßte. Als sie einmal ihre eigenen individuellen Vorlieben als Erwachsene entdeckt hatte, konnte sie sich auf ihre innere Mutter anders beziehen und mußte nicht mehr die rebellische oder schuldbewußte Tochter spielen, sondern konnte ihre eigenen unabhängigen Maßstäbe durchsetzen.

Einige Frauen lernen wie Ann ihre eigenen Werte in einem Bereich zu behaupten, der früher ausschließlich von ihren Müttern beherrscht wurde; andere versuchen mit Matrophobie so umzugehen, daß sie das mütterliche »Territorium« ganz vermeiden.[28]

Dieses Verhaltensmuster trat in Amys Fall verdoppelt auf, denn ihre Mutter Jane hatte ebenfalls nach einem matrophobischen Reaktionsmuster gelebt. Jane war als die einzige, vernachlässigte Tochter einer Frau groß geworden, die sie unehelich empfangen hatte und ihr Kind als ernsthaftes Hindernis für ihre Schauspielerinnenkarriere betrachtete. Jane wurde unter den Verwandten herumgereicht, während ihre Mutter ihrer Karriere nachging; sie sah ihre

Mutter kaum. Nachdem sie sich geschworen hatte, ihre Kinder niemals so zu vernachlässigen, wie sie selbst vernachlässigt worden war, entwickelte Jane sich zum Gegenteil ihrer Mutter. Sofort nach der Heirat gab sie eine vielversprechende Karriere als Tänzerin auf und ließ sich nieder, um sich ganz ihrem Mann und den sieben Kindern zu widmen, die in schneller Folge kamen. Amy war die Mittlere von diesen Kindern. Sie erinnert sich an ihre Mutter als »MUTTI, großgeschrieben«, eine passive, negative Märtyrerin, die sich für die Familie aufopferte. Das Motto ihrer Mutter lautete, »Ich lebe, um zu dienen«, aber in Wirklichkeit verlangte sie von all ihren Kindern, daß diese ihr dienen sollten. Voller Schrecken, genauso wie ihre Mutter zu werden, warf Amy sich auf eine Karriere als Künstlerin. Babys und das häusliche Leben, so war ihr Gefühl, stellten eine »Falle« dar, eine Lebensweise, von der sie überhaupt nichts wissen wollte. Amy war sich der Identifikation bewußt, die ihrer antimütterlichen Haltung zugrundelag. Sie befürchtete, daß sie, wenn sie jemals Kinder haben sollte, genauso »zum Scheitern« verurteilt wäre wie ihre Mutter, auf ewig von ihrer Kreativität abgeschnitten und gezwungen, jeden um sich herum zu vereinnahmen.

Matrophobie und die Versuche, sie zu überwinden, indem jede Ähnlichkeit mit der äußeren Mutter geleugnet wird oder Anstrengungen unternommen werden, die innere Mutter loszuwerden, sind auf seiten der Tochter geprägt von einem magischen Denken. Die Tochter glaubt unbewußt, daß, wenn auch nur ein Teil von ihr wie die Mutter ist, dieser irgendwie das ganze Bild rekonstituieren wird; sie verliert ihre eigene Identität und wird wie ihre Mutter. Die Identifikation mit der Perspektive des Kindes und ein unterentwickeltes Ich spielen bei dieser Dynamik eine zentrale Rolle. Die Tochter denkt: »Wenn ich auch nur im geringsten wie meine Mutter bin, werden andere Menschen mich so wahrnehmen, wie *ich* meine Mutter wahrgenommen habe, und auf mich genauso reagieren, wie ich auf sie reagiert habe.« In diesen matrophobischen Augenblicken hat die Tochter keinen Zugang zur Stärke ihrer eigenen Persönlichkeit und sieht auch nicht die Relativität der mütterlichen Macht; sie verhält sich, als sei sie immer noch in der Position des Kindes, für das die Mutter alles ist.

Das Verblüffende an diesem Phänomen ist die Tiefe der Angst und der eingewurzelte Glaube an die negative Macht der Mutter, die für so groß gehalten wird, daß, wenn die Tochter auch nur im geringsten wie ihre Mutter ist, diese Macht sich wieder einstellt und auf andere die gleiche Wirkung hat, wie sie sie auf die Tochter hatte – so glaubt die Tochter jedenfalls. Diese Angst ergibt aus der begrenzten Perspektive des Kindes Sinn, aber Matrophobie ist ein Phänomen der erwachsenen Psyche. Darüber hinaus ist sie unter den Frauen in unserer Kultur erstaunlich weit verbreitet. Ich habe niemals einen Vortrag, einen Workshop oder einen Kurs über die Mutter-Tochter-Beziehung gegeben und dabei über die »Alles, nur nicht wie die Mutter!-Tochter« gesprochen, ohne fast alle Köpfe wiedererkennend und zustimmend nicken zu sehen.

Die Wahrheit ist, daß wir auf einer gewissen Ebene wie unsere Mütter *sind* und davon in keiner Weise wegkommen können. Jede von uns trägt zumindest einiges von ihrer Mutter in sich und hat sie bis zu einem gewissen Grade verinnerlicht. Diese innere Mutter kann als »Stimme« agieren, als Reaktionsmuster oder eine Reihe von Meinungen, die sich auf uns selbst oder auf andere beziehen. Vielleicht verfallen wir in das Gefühl, ebenso manipulativ, machtlos oder kritisch zu sein wie sie. Aber an diesem Punkt ist es sehr wichtig, zwischen der äußeren und der inneren Mutter zu unterscheiden. Die äußere Mutter kann sich verändern oder sterben, während die innere Mutter nach einem festen Muster weitermacht. Während die äußere Mutter sich weiterentwickeln oder aufgrund bestimmter Umstände über die Frau hinausgewachsen sein kann, die sie damals war, kann die innere Mutter die Mutter geblieben sein, die wir mit fünf oder fünfzehn Jahre erlebt haben. Andererseits kann die äußere Mutter total festgefahren und mehr denn je auf ihre Verhaltensmuster fixiert sein, und dann verzweifeln wir an den Seiten von uns, die wie sie sind; aber es ist wichtig, auch dann zwischen der äußeren und der inneren Mutter zu unterscheiden, wenn sie gleich zu sein scheinen. Bei der inneren Mutter sind unsere Möglichkeiten zur Umwandlung größer.

Die innere Mutter kann anfangen, als das zu agieren, was Jung den Schatten in uns nennt, ein unwillkürliches Verhaltensmuster, das für unser Ich nicht akzeptabel ist, gegen das wir ankämpfen, um es zu unterdrücken, oder das wir bereitwillig auf andere projizieren. Sie kann unbewußt als Teil unseres eigenen Verhaltens hochkommen, für andere ohne weiteres sichtbar, nicht jedoch für uns. Aber der Schatten in dem Sinn, wie Jung davon spricht, ist nicht unbedingt schlecht oder festgelegt; er kann auch etwas verkörpern, das sich nicht voll entwickelt hat, das zurückgehalten wurde, weil wir es so negativ sehen. Der Schatten mag von großem Wert sein und außerdem die Möglichkeit für seine eigene Transformation und sein eigenes Wachsen enthalten. Die innere Mutter kann durchaus imstande sein, sich weiterzuentwickeln und *möchte* sich vielleicht sogar auf eine Weise entwickeln, zu der die äußere Mutter nicht imstande ist. Wir werden darauf noch zurückkommen.

Und zugleich sind wir auch *nicht* unsere Mütter. Die verinnerlichte Mutter ist in einen anderen Zusammenhang eingebettet, weil sie sich in *uns* befindet. Die innere Mutter ist Teil eines *anderen* Ganzen, eines anderen Persönlichkeitskomplexes, deswegen können wir niemals »genauso wie unsere Mutter« sein. Aufgrund dieser Tatsache kann es sein, daß unsere innere Mutter auf die Menschen um uns herum anders wirkt, als unsere äußere Mutter auf uns gewirkt hat.

Das ist etwas, was ich zuerst von meiner Tochter erfahren habe, als mir bewußt wurde, wie sehr ihre Reaktionen sich von denen des ungeheilten Kindes in mir unterschieden. Als ich ein Kind war, erwartete meine Mutter von mir, daß ich Dinge sofort und perfekt lernte; wenn ich etwas nicht so schnell begriff oder es nicht gleich beim ersten Mal richtig machte, bekam sie einen Wutanfall und verließ das Zimmer. Als Erwachsene habe ich manchmal die Tendenz, das gleiche ungeduldige Verhalten zu zeigen. Das ist für mich außerordentlich schmerzlich, und ich habe versucht, meine Tochter davor zu schützen. So brachte ich sie mit anderen Menschen zusammen, die ihr gut etwas zeigen können, oder versuchte fieberhaft, diese Reaktionsweise in mir in Schach zu halten, damit sie sie nicht trifft. Ich habe Jahre gebraucht, um erst einmal nur für mich zu lernen, wie man einen vollständigen Lernprozeß durchführt, sich zugesteht, daß man zu Beginn, wo alles noch neu ist, Schwierigkeiten haben kann, aber solange dabei bleibt, bis man immer geschickter wird. Ich habe Schwierigkeiten, mich während eines Lernprozesses nicht ebenso im Stich zu lassen, wie meine Mutter mich im Stich gelassen hat.

Als meine Tochter klein war, gelang es mir, nicht in die Wut meiner Mutter auszubrechen, wenn sie etwas Neues lernte, aber oft konnte ich nicht während des ganzen Ablaufs bei ihr bleiben. Ich zeigte ihr zum Beispiel, wie man Fahrrad fährt, und ließ sie dann damit allein. Ich konnte ihr nicht immer wieder von neuem helfen. Ich fühlte mich schrecklich dabei und als versagende Mutter, weil ich ihr gern mehr helfen wollte, aber ich konnte einfach nicht dabei bleiben, ohne entsetzlich ungeduldig zu werden – genauso wie meine Mutter. Dann begann ich auf einmal, meine Tochter zu beobachten und nahm wahr, wie sie darauf reagierte. Anders als ich, war sie sehr beharrlich und blieb bei einer Aufgabe, bis sie sie gelernt hatte. Weil ich ansonsten wirklich Anteil an ihr nahm, und wir grundsätzlich eine positive Bindung hatten, führte ihr Wunsch, mir zu gefallen, dahin, meine Erwartungen an ein schnelles Lernen zu übernehmen. Aber bei ihr verwandelte es sich in den riesiggroßen Wunsch nach Beherrschung der Aufgabe, und sie blieb solange dabei, bis sie das erreicht hatte. Als Teenager lernt sie jetzt im allgemeinen sehr schnell etwas, hat eine enorme Beharrlichkeit beim Lernen und zeigt *mir*, wie man Fehler toleriert oder Dinge mehr als einmal probieren muß. Indem sie mir mehr Toleranz beibringt und mir einen anderen Lernstil vorführt, hat meine Tochter teil daran, mich von dem Einfluß zu heilen, den meine Mutter auf mich hatte. Zum Teil kann sie das tun, weil sie selbst eine andere Mutter hat. Meine Tochter ist auf einer gewissen Ebene für eine Seite in mir zum Rollenvorbild geworden, die jünger ist als sie und immer noch darum kämpft, über meine Mutter hinauszuwachsen. So hat sich für dieses Verhaltensmuster der Kreis auf eine ganz andere Weise geschlossen, als meine matrophobische Seite allein sich das vorgestellt hätte. Indem sie, ausgehend von ihren eigenen Erfahrungen mit dem Bemuttertwerden, auf meine innere Mutter reagiert, verändert meine Tochter den Einfluß meiner Mutter auf mich und bringt meinem ungeheilten Kind einen neuen Weg bei.

Auf der einen Ebene ist die verinnerlichte Mutter ein erlerntes Verhaltensmuster, das wir angenommen haben, weil es uns so vorgeführt wurde. Wir tendieren dazu, in Bereichen, in denen wir noch kein *eigenes* Selbst entwickelt haben, genauso zu reagieren, wie man es uns vorgemacht hat, wie im Fall von Ann und ihrer Haushaltsführung. Die Therapie für diese Ebene besteht in einem *Umlernen*, indem wir das von der Mutter Verinnerlichte annehmen und in uns selbst neu erziehen. So können Frauen, die von ihren Müttern mißbraucht wurden, zum Beispiel mit der Hilfe und der Neubemutterung durch einen Menschen, der sie nicht mißhandelt, lernen, mit Frustrationen oder Schwierigkeiten umzugehen, ohne sich selbst oder ihre Kinder zu mißbrauchen.

Auf einer anderen Ebene ist die verinnerlichte Mutter unsere eigene psychologische Dynamik, die ihren eigenen Drang zur Umwandlung entfalten kann. In gewisser Weise treibt sie unsere Mütter vorwärts zu einer neuen Entwicklung, nicht äußerlich durch Veränderung der leiblichen Mutter, sondern innerlich durch Umerziehung unserer eigenen Person, wodurch wir eine neue Basis haben, von der aus wir den mütterlichen Verhaltensmustern standhalten können. So kann Ann zum Beispiel zu ihren perfektionistischen Impulsen Nein sagen, indem sie sich an ihre *eigenen* Maßstäbe und Werte erinnert und sie gegen das »Du sollst« behauptet. Die meisten von uns würden ihre leiblichen Mütter gern verändern, aber wahrscheinlich können wir nur die Mütter in uns verändern. Viele von uns würden auch gern unsere leiblichen Mütter retten, doch vielleicht können wir lediglich die innere Version retten. Aber anders als die äußeren Mütter *will* die innere Version vielleicht gerettet werden. Die innere Mutter kann wie ein unbewußtes Erbe agieren, das Bewußtwerdung und Hilfe braucht und will, wohingegen unsere Mütter das vielleicht auf gar keinen Fall wollen oder nicht in der Lage dazu sind. Aber Bewußtsein erfordert von uns auch Verantwortung; bewußt werden beinhaltet auch eine Last. Wir müssen bereit sein, unsere Mütter in uns zu *erleiden*, die Wurzeln ihres Verhaltens in uns zu sehen und ihnen in uns zu vergeben und sie umzuwandeln. Vielleicht können wir auch weiter sehen, bis zu unserem gemeinsamen Los als Frauen, und in unseren inneren Müttern Reaktionen auf Ohnmacht, geistige Perversionen oder verzerrte Anlagen finden. Es ist nicht genug, daß wir uns der negativen Auswirkungen bewußt werden, die unsere Mütter auf unser Leben gehabt haben; es ist, als müßten wir unsere Mütter *in* uns aufnehmen und sie psychologisch so austragen, wie sie uns einst körperlich ausgetragen haben.

Es reicht nicht, daß wir uns individuell befreien oder uns bessere Vorbilder und gesündere Erfahrungen suchen; wir müssen auch mit unserem persönlichen Erbe ins Reine kommen und herausfinden, was es von uns fordert. Wir müssen die innere Mutter kennenlernen, um ihr unsere Aufmerksamkeit zu widmen, sowie entdecken, was ihre Gegenwart in uns bedeutet und wie sie für uns von Wert sein kann. Indem wir über ihre Gegenwart und ihre Erscheinungsformen nachdenken, können wir versuchen, diese Seite von uns zu verstehen und Fragen wie die folgenden stellen (zum Beispiel beim Meditieren oder Protokoll- bzw. Tagebuchschreiben): Wer ist diese innere Mutter? Wie ist sie? Warum tritt sie, wenn sie hochkommt, in negativer Form auf? Welche eigenen Entwicklungen brauchen wir, um ihr andere Reaktionsformen beibringen zu können? Welche Gefühle bringt sie uns entgegen, was hält sie von unseren Plänen, von unseren Kindern? Welche Qualitäten hat sie, die uns nützlich sein oder ein Gegengewicht zu uns bilden könnten, wenn sie konstruktiv auf uns einwirken würden? Vielleicht ist sie ordentlicher als wir, verkörpert aber eine Ordnung, die übertrieben und von einer militärischen Rigidität ist. Vielleicht ist sie kontaktfreudiger, versucht aber, andere zu beherrschen und zu überrennen. Vielleicht ist sie neidisch auf andere, die haben, was sie gern haben möchte, benutzt aber ihren Neid, um andere anzugreifen und ihnen den Spaß zu verderben, statt sich von ihm sagen zu lassen, was sie wirklich möchte. Vielleicht trägt sie ein legitimes Bedürfnis nach Aufmerksamkeit mit sich herum, das sie aber auf dem Umweg über Manipulationen oder Krankheiten ausdrückt. Wenn wir bis auf den Grund der Qualitäten der inneren Mutter schauen können, sind wir mit Zeit und Anstrengung vielleicht in der Lage, ihre Qualitäten objektiv von ihrer negativen Hülle zu lösen und produktiv für unser eigenes Leben einzusetzen.

Indem wir uns unseren inneren Müttern zuwenden, statt daß wir versuchen, uns von ihrem unerwünschten Aufenthalt in uns zu befreien, ist es, als würden wir unsere Mütter in einen anderen Zusammenhang stellen, in die Ganzheit unseres eigenen Wesens. Auf diese Weise werden wir zu ihrer Gebärmutter; in gewissem Sinne werden wir schwanger mit unseren Müttern und tragen die Möglichkeit zu ihrer Umwandlung und ihrer Wiedergeburt in uns.

Ich habe einmal eine bewegende und aufschlußreiche Erfahrung mit dem Beginn eines solchen Wiedergeburtsprozesses in einer eigenen Therapiesitzung gemacht. In einer Sitzung wurde ich genauso, wie meine Mutter zum Teil war: kalt und distanziert schloß ich meine Therapeutin gerade in einem besonders liebevollen Augenblick vollkommen aus. Gewöhnlich reagierte meine Therapeutin sehr selbstbewußt auf meine Stimmungsschwankungen und tolerierte sie, aber diesmal war sie verletzt und ärgerlich. Sie sagte mir am Ende der Sitzung, daß sie diese Seite an mir wirklich nicht möge, meine Mutter in mir nicht möge. Im allgemeinen war ich immer verzweifelt über diese plötzliche Kälte in mir, weil ich weiß, daß sie Menschen verletzt, und ich habe mich oft darin festgefahren gefühlt, wenn sie hochkam. Üblicherweise hätte ich mich schlecht gefühlt, weil diese Seite auftauchte, aber diesmal war ich statt dessen auch verletzt. Ich wollte, daß meine Therapeutin alles an mir mochte, selbst meine kalte innere Mutter. Das kam selbst mir ziemlich unvernünftig vor. Ich dachte, das Kind in mir wolle einfach nur, daß alles an ihm geliebt wird, aber trotzdem überraschte mich mein Gefühl. Als ich eine Zeitlang darüber nachsann, fragte ich mich, was es von meiner Seite aus war, das gemocht werden wollte und warum, wenn es doch so destruktiv war. Plötzlich hatte ich ein deutliches Bild von meiner inneren Mutter vor Augen: Ich konnte sie spüren, diese kalte und distanzierte Frau, deren lebende Ausgabe solche Schwierigkeiten mit Intimität hatte. Aber anders als meine äußere Mutter, der jede Selbstwahrnehmung widerstrebt und die niemals irgendwelche Verantwortung oder Schuld für ihr Verhalten übernommen hat, war diese Frau sich ihrer Begrenzungen bewußt und spürte sie schmerzlich. Sie konnte sich nicht verändern – sie wußte, daß sie kalt, distanziert und schroff war –, aber in meiner

Therapeutin und mir sah sie etwas anderes, etwas außerhalb von sich, eine Möglichkeit, sich mit einer Wärme auf andere zu beziehen, zu der sie selbst keinen Zugang hatte. In meinem Bild fühlte sie sich besonders zu meiner Therapeutin hingezogen. Es sah so aus, als wolle sie einfach neben ihr sitzen, jemandem nahe sein, der wirklich anders war als sie, sogar Kontakt schließen mit einer anderen Art zu sein, selbst wenn sie nicht so sein konnte. Im Rahmen dieses Bildes konnte ich ihre Traurigkeit spüren (und auch Traurigkeit für meine wirkliche Mutter) und den Wunsch nach Veränderung selbst von etwas, was so eingewurzelt und festgefahren in ihrem Panzer steckte. Ich fing an zu begreifen, daß meine innere Mutter vielleicht allmählich von der Frau, die ihr so unähnlich und mir so wichtig war, etwas lernen und schöpfen konnte.

Eine Frau aus einem meiner Mutter-Tochter-Kurse berichtete, sie habe ihre alkoholabhängige Mutter als »tötende Kraft« erlebt, hatte aber das Gefühl, daß sie zu dieser Kraft werden sowie etwas über sie erfahren würde und sich vor ihr in sich nicht so fürchten müsse, wenn sie sie im Tanz ausdrücken könne. Eine andere Frau stellte sich die Umwandlung ihrer Mutter in einem Lied vor, das sie schrieb. Die Mutter dieser Frau hatte sich besonders zurückgenommen und Männern immer den Vorrang gegeben. Ihre Tochter hatte ständig große Sehnsucht nach einer intensiveren Verbindung zu ihrer Mutter verspürt und mit ihrem eigenen Gefühl von Selbstverleugnung zu kämpfen gehabt. Besonders schmerzlich war für sie, daß ihre Mutter tot war. Sämtliche Möglichkeiten für eine erneute Verbindung schienen verloren zu sein, bis sie sich die Umwandlung so vorstellte, wie sie sie in diesem Lied schildert:

Mutter, Mutter, dein Schmerz war meine Milch,
der Saft meiner sich verzweigenden Knochen.
Stark sind sie jetzt, wie kalter Stahl,
und haben doch immer geweint nach der Sonne.
Meine Geburt hat dich nur einmal zerrissen –
weitere sind dir erspart geblieben;
doch wenn ich mich selbst beobachte,
wie ich hervorkomme,
weiß ich nicht, wessen Blut dies ist.

Mutter, Mutter, deine Tränen fließen
in meinen salzigen Körper,
und Fluten ziehen mein Leben über das deine.
Unsere Sprache wird deutlicher, während ich erwache,
und dein Tod wird mühelos kostbar.
Mutter, Mutter, willkommen in meiner Gestalt,
laß uns zusammen atmen.[29]

In diesem Gedicht ist die Tochter aufgrund ihrer eigenen Umwandlung in der Lage, das, was ehemals nur ein schmerzliches Vermächtnis war, neu zu betrachten. Durch ihr eigenes Erwachen wird ihre tote Mutter wieder zum Leben erweckt und in die neue Gestalt ihrer Tochter eingeladen und willkommen geheißen. Mutter und Tochter atmen zusammen ein neues Leben. Das ist vor allem in der musikalischen Umsetzung sehr beeindruckend, weil das ganze Lied in Moll geschrieben ist und erst mit den Worten »willkommen in meiner Gestalt« in Dur umschlägt.

Statt daß wir versuchen, unsere Mütter aus uns herauszureißen, müssen wir sie in unserer Gestalt willkommen heißen, um uns neu auf sie zu beziehen und zuzulassen, daß unsere Fülle und das Bewußtsein, um das wir uns bemühen, sie ebenso umwandeln, wie sie uns einst umgewandelt haben. Aber um das fertigzubringen, müssen wir uns das ungeheilte Kind näher anschauen.

6 Das ungeheilte Kind

Als Kind hatte ich eine ständig wiederkehrende Phantasie, die so eindringlich war, daß sie fast an eine Halluzination grenzte. Ich stellte mir vor, jemanden weinen zu hören, und dieses Weinen war so bitterlich, so zwingend, daß ich jedes Mal aus meinem Bett hochsprang, um diesen Menschen zu finden und mich um ihn zu kümmern. Erst sehr viel später im Leben wurde mir klar, daß das Weinen ein Teil von mir und ich selbst diejenige war, auf die ich hätte aufpassen müssen. Statt dessen fand ich dieses Weinen immer wieder in anderen Menschen, indem ich zur »Trösterin« für andere wurde. Sich um dieses weinende Kind in anderen zu kümmern, ist nur eine Möglichkeit, wie einige von uns mit der ungeheilten Tochter in sich umgehen, mit dem, was Adrienne Rich den Ort in uns genannt hat, an dem wir »mutterseelenallein« sind.[30]

Die ungeheilte Tochter ist voller Sehnsüchte, Wut, Verletzungen und berechtigter Bedürfnisse, die in ihrem Erleben mit der Mutter nicht befriedigt wurden. Sie ist ein »kindlicher Ort« in uns, der in unserem Erwachsenenleben weiterhin präsent ist und gespürt oder verleugnet wird.

Das ungeheilte Kind hat Sehnsüchte: Sehnsüchte nach Zuwendung, Unterstützung, Fürsorge. Es möchte etwas »Besonderes« sein, der »Augapfel« eines anderen Menschen, es möchte im Arm gehalten und gewiegt werden – nicht nur im konkreten Sinne, sondern auch in der Form, daß einem das Leben gewogen ist –, um *genügend* Halt zu erfahren. Das ungeheilte Kind sehnt sich nach jemandem, der ganz für es da ist, der es an erste Stelle und in den Mittelpunkt stellt, nicht für immer, aber so lange, bis es eine Grundlage hat, auf der es weiterwachsen kann. Wenn das möglich ist, kann es uns dabei helfen zu lernen, daß wir uns selbst in unserem Leben den ersten Platz einräumen, unser eigenes Sein zum Mittelpunkt machen, statt diesen Mittelpunkt auf einen anderen Menschen zu verlagern, wie es uns Frauen traditionellerweise immer beigebracht wurde. Das ungeheilte Kind möchte haben, was es niemals bekommen hat. Vielleicht bleibt es für immer da stehen, daß es einsam ist, seine Bedürfnisse überspielt; vielleicht bleibt es bei seiner Wut, die darauf beharrt, gehört zu werden, bei dem Bedürfnis, von der Mutter gesehen zu werden, oder seiner Liste von Kümmernissen. Vielleicht wird es auch von der erwachsenen Frau ganz verleugnet, die die harte Haltung,»das war damals, dies ist jetzt«, einnimmt, mit der sie sowohl den Schmerz als auch die Bedürfnisse dieses inneren Ortes abtut. Aber häufiger ist es so, daß sie – wenn auch manchmal insgeheim – für immer in der Vergangenheit festhängt und ihre Mutter oder ihre eigenen Erwartungen/Forderungen, daß diese für sie da sein muß, nicht losläßt. Sie kann ewig damit weitermachen, eine Tochter zu sein, die versucht, die Zuneigung ihrer Mutter sowie deren Liebe, Aufmerksamkeit und endgültige Bestätigung zu gewinnen.

Eine erwachsene Tochter, die nicht loslassen will, nicht akzeptieren will, was war, die die Begrenztheit der Mutter oder die Begrenztheit ihrer eigenen Kindheitserfahrungen nicht akzeptieren will, kann eine enorme Forderung an die Mutter darstellen. Aber es ist auch eine Tortur für die Tochter, die vielleicht immer wieder die gleichen Reaktionen von ihrer Mutter erfährt und sich aufführt, als sei sie irgendwie neurotisch»dumm«, weil sie von der Zurückweisung, der Kälte oder dem Mangel an Befriedigung nicht lernt, sondern immer wieder versucht, etwas anderes zu bekommen. Wenn unsere Freunde und Freundinnen uns schlecht behandeln oder uns nicht immer wieder unterstützen, bewegen die meisten von uns sich von ihnen weg. An unseren Müttern aber halten wir fest.

Das ungeheilte Kind steckt fest in seiner Bedürftigkeit, Wut und Empörung; es besteht darauf, daß seine Mutter ihre »Rolle« erfüllen kann und soll und eine »richtige« Mutter ist. Es hält beharrlich fest an seinem Bild davon, wie Mutter sein »soll«, selbst wenn seine Mutter diesem Bild niemals entsprochen und auch wenig Interesse daran hat oder nicht imstande ist, es zu erfüllen. Dieses Beharren kann das gesamte Erwachsenenleben der Tochter durchziehen.

Marcy war eine »Schenkerin«. Jahrelang hatte sie versucht, ihrer

Mutter das vollkommene Geschenk zu machen, ein Geschenk, das ihrer Mutter nicht nur gefiel, sondern sie »erreichte« und ein Band zwischen ihnen ermöglichte, so daß sich schließlich doch noch die Schranke auflösen würde, die zwischen ihnen immer existiert hatte. Trotz der Tatsache, daß ihre Mutter von Marcys Geschenken immer verwirrt war und entweder mit Verblüffung oder Gleichgültigkeit darauf reagierte, war Marcy sicher, daß sie es nur weiter versuchen müsse und ihre Mutter früher oder später auf ihre Seite ziehen würde.

In einem Jahr kaufte sie ihrer Mutter einen Bildband mit Radierungen von Käthe Kollwitz. Sie nahm flüchtig wahr, daß viele dieser Radierungen Mütter mit toten Kindern darstellten, und fragte sich, kurz bevor sie den Band an ihre Mutter schickte, ob darin eine geheime Botschaft enthalten sei. Bewußt jedoch wollte sie einfach etwas mit ihrer Mutter »teilen«, was sie tief berührt hatte. Ihre Mutter, eine pedantische und korrekte, emotional distanzierte Frau, die es verachtete, wenn man Gefühle zeigte, war verblüfft über das Geschenk und fand es geschmacklos. Die höflichste Antwort, zu der sie sich aufraffen konnte, war: »Nun, schön sind sie gerade nicht.«

In einem anderen Jahr, als Marcy ein tiefes Mitgefühl für die vermeintliche Benachteiligung und das wenig sinnenfrohe Leben ihrer Mutter empfand, kaufte sie ihr das exquisiteste und schönste Stück Unterwäsche, das sie finden konnte. Wieder war ihre Mutter verblüfft und abgestoßen, weil sie das Geschenk ihrer Tochter viel zu intim fand. Außerdem war der Unterrock anders als alles, was sie bislang getragen hatte, und – wie sie ihrer Tochter mitteilte –: »Ich bin zu alt, um jetzt noch damit anzufangen, solche Sachen zu tragen.« Im nächsten Jahr versuchte Marcy einen anderen Kurs einzuschlagen. Wenn sie zurückdachte an die Karriere ihrer Mutter als Geschäftsfrau und sah, wie mutig diese der Kritik standgehalten hatte, die man ihr entgegenbracht hatte, weil sie in den fünfziger Jahren als Mutter außer Haus arbeitete, kam Marcy zu dem Schluß, daß das Gemeinsame zwischen ihr und ihrer Mutter der Feminismus war. Also schickte sie ihrer Mutter ein Jahresabonnement von *MS* und versuchte, sie in Gespräche über verschiedene Artikel zu verwickeln. Schließlich sagte Marcys Mutter ihr direkt ins Gesicht, daß sie andere Frauenzeitschriften viel lieber möge und sich mit den »Frauenrechtlerinnen« nicht identifizieren könne.

Trotz der beharrlich negativen Reaktionen, die nicht nur der Persönlichkeit und den Vorlieben ihrer Mutter entsprachen, sondern auch der Distanz, die sie immer zu ihrer Tochter gewahrt hatte, fuhr Marcy mit ihrer Suche nach dem »passenden Geschenk« fort. Jedes Geschenk enthielt die unausgesprochene und zum Teil unbewußte Botschaft: »Komm mir näher, sieh mich, laß mich dir nahe sein.« Dem zugrunde lag eine hartnäckige Forderung: »Sei die Mutter, die ich brauche, nicht die Mutter, die du bist.« Nicht in der Lage, zu ertragen, wie schmerzlich ihr die großen Unterschiede zwischen sich und ihrer Mutter waren, oder wie weh es ihr tat, daß diese lieber Abstand hielt, als Intimität zuzulassen, beharrte Marcy auf dem Versuch, ihrer Mutter die enge Verbindung und Unterstützung überzustülpen, die sie als Tochter für ihr Gefühl immer vermißt hatte. Sie brauchte diese Form der mütterlichen Gegenwart als Stütze und Nahrung für ihr eigenes Erwachsenendasein.

Deborahs erwachsene Beziehung zu ihrer Mutter folgte einem ähnlichen Muster. Deborahs großer Traum mit Anfang Zwanzig war, »in einer großen Stadt als Schauspielerin Karriere zu machen«. Bald nach ihrem Schulabschluß beschloß sie, ihre kleine Heimatstadt in Ohio zu verlassen und nach New York zu ziehen. Ihre Mutter, die enttäuscht war, daß ihre Tochter so wenig Interesse zeigte, zu heiraten und eine Familie zu gründen, mißbilligte diesen Umzug ausdrücklich und äußerte große Zweifel an der Karriere ihrer Tochter und deren Fähigkeit, allein zu leben.

Die Umstellung auf New York war schwierig für Deborah, und die Konkurrenz auf ihrem Gebiet sehr viel größer, als sie gedacht hatte. Oft entmutigt und deprimiert, wandte sich Deborah wiederholt an ihre Mutter und breitete ihre Verzweiflung und ihre Enttäuschungen vor ihr aus. Jedesmal hoffte sie, ihre Mutter würde sie ermutigen, sie aufmuntern und an die Träume ihrer Tochter glauben. Aber ihre Mutter bedauerte sie jedesmal nur und sagte ihr, sie solle nach Hause kommen. »Dein altes Zimmer steht immer noch für dich leer«, lautete ihre Standardantwort, wenn ihre Tochter niedergeschlagen war. Obwohl es offensichtlich war, daß ihre Mutter ihren Umzug in den Osten mißbilligte und darauf bestand, eine Familie zu haben, sei »für eine Frau Karriere genug«, wandte sich Deborah immer wieder an sie, jedesmal auf Unterstützung und Ermutigung hoffend und jedesmal enttäuscht und verletzt, wenn nichts dergleichen kam. Sie fuhr immer weiter damit fort, endlos hoffend, eine andere Mutter hervorzurufen.

Die Phantasie, daß »sie mich schließlich doch noch sehen wird«, beruht auf dem fest verwurzelten Glauben des ungeheilten Kindes, daß sowohl der Wunsch, die Tochter so zu sehen, wie sie wirklich ist, als auch die Fähigkeit dazu, bei der Mutter tatsächlich vorhanden sind, und diese ebenso um das Leben ihrer Tochter kreist, wie die Tochter um das Leben der Mutter. Aber Marcys Mutter war jetzt, wo ihre Kinder erwachsen waren, vor allem mit ihrer eigenen Weiterentwicklung beschäftigt. Erleichtert, daß die täglichen Anforderungen einer Familie vorbei waren, wollte sie tatsächlich kein engeres Verhältnis zu ihrer Tochter. Deborahs Mutter war darauf aus, die Position zu verteidigen, die sie eingenommen hatte, als Deborah von zu Hause wegging, und darauf zu bestehen, daß ihre Werte die einzig gültigen waren. Jeder Verzweiflungsanfall ihrer Tochter diente lediglich dazu, sie in ihrer Überzeugung zu bestärken. Beide Mütter waren in gewisser Weise sich selbst und ihren Werten absolut treu, gingen damit aber bei keiner der beiden Töchter auf deren ungeheiltes Kind ein.

Selbst als Erwachsene brauchen wir Mütter, die starke, ganze Frauen sind, die sich selbst mögen und selbst genug bekommen haben, um uns nähren zu können. Wir brauchen sie als Vorbilder, die zu unserem eigenen Erfülltsein als Frau beitragen, als Visionen, die uns zeigen, was eine Frau sein kann. Vielleicht finden wir diese Erfahrung zum Teil in der Beziehung zu anderen Frauen in unserem Leben: Tanten, Großmüttern, Freundinnen unserer Mütter, Stiefmüttern, Lehrerinnen. Aber das ungeheilte Kind ist immer noch ungeduldig und weint weiter; es möchte seine eigene Mutter, einen Ursprung, der ein Ganzes ist… und wie ein Kind möchte es alles wegschieben, was diesem Ursprung schadet, möchte die Erkenntnis wegschieben, daß Begrenztheit, Schmerz, Zurückweisung und Verzweiflung ebenfalls Teil des Ganzen sind. Auf der kindlichen Ebene können wir die Bedeutung negativer Erfahrungen nicht sehen; das Kind hadert damit, agiert aus, stößt weg, versucht zu bestrafen oder zu protestieren. Wir müssen erwachsener werden, um die Frage nach dem Sinn von Erfahrungen wie sie *sind*, stellen zu können, und nicht nur danach zu gehen, ob sie unserem Ideal nahekommen.

Daß wir auf diesem Band mit unserer Mutter bestehen, hat kulturelle Ursachen; wahrscheinlich sind wir in unseren Erwartungen an Großmütter, Tanten und Freundinnen flexibler. Aber unsere Mütter sind auch Trägerinnen des Archetyps, und wir brauchen die Verbindung mit diesem. Uns wurde nicht erlaubt zu sehen oder zu schätzen, wo und auf welche Weise jene größere Mutter durchkommt, und uns wurde auch nicht beigebracht, wie wir uns auf sie beziehen können. Und auf einer noch tieferen Ebene haben wir das Gefühl, der leiblichen Mutter »anzugehören«, und daraus ergibt sich eine Forderung/Frage: Sie hat mich geboren. Ich komme von ihr. Wie sollte es möglich sein, daß sie mich nicht liebt, oder begrenzter ist, als ich es *brauche*?

Wir hängen daran, weil etwas Numinoses damit verbunden ist, eine »Bürde«, die auf Müttern lastet, wie sie in keiner anderen Beziehung in unserem Leben existiert. Mutter/Ursprung/Wiege/Quelle: etwas Größeres, aus dem wir entspringen und dem wir angehören. Es gibt ein altes Lied, das von dem Bildnis spricht, das in unseren Müttern zu finden wir uns sehnen: »Liebe ist das einzige Gesetz, das ich kenne/nur die Liebe allein kann mich erkennen/und alles, was da lebt, gehört mir an/von mir kommen und zu mir gehen sie.« Die Sprecherin in diesem Lied ist die Große Göttin, Bildnis des Ursprungs und des Endes allen Lebens. Und wir hungern nach dem Gefühl, unseren Müttern auf diese Weise anzugehören.

Erwachsene Frauen beziehen sich auf verschiedene Weise auf ihr ungeheiltes inneres Kind. Vielleicht projizieren sie es auf andere und übernehmen selbst die mütterlich fürsorgliche Rolle, entweder indem sie eigene Kinder bemuttern (und, wie viele es beschreiben, »für sie tun, was für mich nie getan wurde«), oder sie finden die kindliche Seite in anderen Menschen. Sie können eine außerordentliche Sensibilität für den einsamen kleinen Jungen in einem Ehemann oder Liebhaber entwickeln, oder ihn sogar aus einem Mann hervorlocken, indem sie ihre eigene Bedürftigkeit auf ihn übertragen und in dieser Form auf sie eingehen. Wenn er dann den kleinen Jungen ausspielt, kann die Frau sich irgendwie verletzt oder benutzt fühlen und die Übertragung ihres inneren Kindes auf ihn unbewußt so erleben, als würde ihr etwas genommen. Die Frau, die sich auf ihr ungeheiltes Kind bezieht, indem sie selbst Kinder hat, kann das Bemuttern wirklich genießen und aus der Befriedigung der Bedürfnisse ihrer Kinder eine Ersatzbefriedigung gewinnen. Schwierigkeiten können aber auftauchen, wenn ihre Kinder immer unabhängiger von ihr werden. Um ihr eigenes inneres kleines Mädchen am Leben zu halten, »braucht« sie es vielleicht, von ihren Kindern »gebraucht zu werden« und infantilisiert diese, um die Verbindung mit dieser unbekannten Seite in sich aufrechtzuerhalten. Ein Teil des Verlustes, den viele Mütter erleben, wenn ihre Töchter erwachsen werden, ist der Verlust dessen, was ihnen eine zweite Chance schien, ihre Mädchenjahre zu wiederholen, Mädchenjahre, die reicher sind, als sie selbst sie erlebt haben. Wieder andere Frauen bringen ihr ungeheiltes kindliches Selbst in den Helferberufen ins Spiel; die Fürsorge für andere wird zum Beruf. Diese Art Arbeit mag enorm befriedigend sein, aber wenn sie nicht gleichzeitig auch für sich selbst sorgen können und statt dessen darauf bestehen, das ungeheilte Kind »da draußen« in dem bedürftigen anderen zu sehen, kann es ihnen sehr schwerfallen zuzulassen, daß ihre Patienten oder Klienten über die Ebene kindlicher Bedürfnisse hinauswachsen.

Frauen versuchen ihr inneres Kind auch in der Form zu umsorgen, daß sie die Mutter in einem Mann suchen. Sie glauben vielleicht an die traditionelle Botschaft, daß sie »in guter Obhut« sein werden, wenn sie heiraten, oder sie heiraten einen Mann, der ihrer leiblichen Mutter sehr ähnlich ist.[31] Letztere Situation wird meistens unbewußt angestrebt, kann aber für die Frau trotzdem eine gute Gelegenheit sein, sich in einem anderen Bereich der Dynamik zwischen ihrer Mutter und sich zuzuwenden, wenn sie sich der Ähnlichkeiten zwischen ihrer Mutter und ihrem Mann bewußt wird und sich über die alten Verhaltensmuster hinaus auf ihr eigenes Wachstum zubewegt. Da es für eine erwachsene Frau eher akzeptabel ist, von einem Mann statt von ihrer Mutter abhängig zu sein, werden einige Frauen sich an Männer wenden, damit diese ihre unbefriedigten kindlichen Bedürfnisse erfüllen. Die neurotische Bindung und Abhängigkeit, in die Frauen sich mit Männern verwickeln, hat ihre Wurzeln zu großen Teilen in den Bedürfnissen des ungeheilten Kindes.

Eine weitere Möglichkeit, wie Frauen sich auf ihr ungeheiltes kindliches Selbst beziehen, ist, daß sie es völlig verleugnen. Diese Frauen, die oft bereits in zu jungen Jahren gezwungen wurden, erwachsen zu werden und früh im Leben entsprechende Verantwortung übernehmen mußten, sind oft außerordentlich kompetent in ihrem fürsorglichen Verhalten, verneinen aber vehement jede eigene Bedürftigkeit. Abhängigkeit und alles, was als »Regression« betrachtet wird, sind für diese Frauen besonders tabu.

Es gibt viele positive Möglichkeiten, sich dem ungeheilten Kind in uns zu nähern. Als erstes können wir lernen, seine Bedürfnisse herauszufinden und ihnen Berechtigung zuzusprechen: Bedürfnisse wie das nach Aufmerksamkeit, Zuwendung, Lob, bedingungsloser Liebe, Spiel. Wir können diese Bedürfnisse zum Vorschein bringen und uns weigern, sie als »schlecht« zu bezeichnen. Einer der Gründe, warum wir diese Bedürfnisse als Erwachsene unterdrücken, besteht darin, daß sie oft mit schmerzlichen Kindheitserinnerungen an Situationen einhergehen, in denen wir bestraft, zurechtgewiesen oder unsere Bedürfnisse als Kinder nicht befriedigt wurden. Wir müssen zulassen, daß diese Erinnerungen hochkommen und gefühlt werden, denn sie sind Teil unserer Ganzheit. Wir müssen mit dem Kind trauern, seinen Kummer über die fehlende Zuneigung, über seinen Schmerz und seine unerfüllten Sehnsüchte spüren. Wenn wir unseren Kindheitsschmerz einer Freundin oder einer Therapeutin mitteilen, haben wir eine emotionale Begleitung, die den Kummer des ungeheilten Kindes mildert. Es fühlt sich dann nicht mehr total allein und unbeachtet mit seinen Verletzungen. (So erzählte mir eine Frau, mit der ich Therapie machte und die als Kind schwer mißbraucht worden war, daß das Schlimmste nicht der Mißbrauch selbst gewesen sei, sondern daß niemand da war, der sie hinterher getröstet hätte und in ihrer Angst und ihrem Schmerz bei ihr gewesen sei.) Wenn wir das innere Kind emotional begleiten, indem wir seinen Beschwerden und Verletzungen bereitwillig zuhören, kann das allmählich zu neuem Wachstum und neuen Impulsen führen, die die Frau aus ihrer festgefahrenen Situation herausholen.

Das schwierigste Stück Trauerarbeit, das damit verbunden ist, daß wir mit dem ungeheilten Kind ins Reine kommen, ist wahrscheinlich die Erkenntnis des Erwachsenen, daß wirklich etwas verloren wurde, daß auf die kindlichen Bedürfnisse niemals mehr in ihrem ursprünglichen Zusammenhang eingegangen werden kann. Wir werden niemals diese schöne Kindheit haben, die unser wahres Selbst vielleicht optimal genährt hätte. Das soll nicht heißen, daß auf die Kindheitserfahrungen nicht eingegangen oder Verletzungen nicht geheilt werden können, sondern bedeutet lediglich, daß neue Kanäle gefunden werden müssen, um diesem Teil von uns wirklich zu begegnen. Tiefergehende Fragen nach dem Sinn von alledem kommen dann auf, wenn eine Frau wirklich in der Lage ist zu akzeptieren, daß ihre Kindheitserfahrungen so und nicht anders waren, und ihre Mutter es nicht mehr besser machen kann. Sie kann sich dann Fragen zuwenden wie: Was hat es für mein Leben bedeutet, daß ich diese Mutter hatte? Wer oder was mußte ich aufgrund dieser Erfahrungen werden? Was habe ich in mir entwickelt, was vielleicht nicht gewachsen wäre, wenn meine Erfahrungen anders ausgesehen hätten? Viele Frauen finden eine Stärke in sich, die sie vorher vielleicht gar nicht gesehen haben.

Es reicht nicht, Fragen nach dem Sinn zu stellen und uns neu einzuschätzen. Wir müssen auch anfangen, für das innere Kind zu sorgen und in unserem Erwachsenenleben aktiv Raum schaffen für diesen Teil von uns. Wie sehen seine Bedürfnisse aus? Braucht es Zeit zum Spielen oder um etwas zu kreieren? Braucht es Gelegenheiten, um mit seinen Fähigkeiten »angeben« zu können oder seine Schwärmereien auszuleben? Welche Anregungen braucht es (Farben, Musik, Spielzeug)? Können wir unser inneres Kind ebenso bemuttern, wie wir vielleicht ein äußeres Kind bemuttern oder einen Liebhaber oder Ehemann unterstützen, indem wir uns Interesse und Zeit schenken, uns beistehen und bereichern?

Wenn das innere Kind auf anderem Wege umsorgt wird, sind einige Frauen imstande, ihre Mütter aus einer erwachseneren Perspektive neu zu beurteilen und eine neue Verbindung zu ihnen zu suchen. Sie können dann vielleicht fragen: Kann sie mir in der Gegenwart irgend etwas geben? Kann ich meine Kindrolle ihr gegenüber aufgeben? Wenn ja, auf welcher Basis können wir uns dann jetzt begegnen und uns aufeinander beziehen? Haben wir als Erwachsene gemeinsame Interessen? Kann ich ihr Leben in seinem Zusammenhang sehen und ihre Grenzen akzeptieren? Kann ich die Forderung loslassen, daß sie diejenige sein muß, die auf umfassende Weise für mich sorgt, nur weil sie meine Mutter ist? Einige Frauen können durch Beantwortung dieser Fragen zu einer neuen, bedingten Beziehung zu ihrer Mutter finden oder dahinkommen, daß sie ganz loslassen, die Ansprüche oder die falsche Bindung aufgeben und akzeptieren, daß es keine andere Beziehung geben wird.

Evelyns Mutter war immer kritisch und hart. Wenn Evelyn ihr ihre Freude zeigte, reagierte ihre Mutter darauf mit Neid: »Du hast es immer leicht gehabt.« Wenn sie über ihre schmerzlichen Augenblicke oder ihre Verzweiflung sprach, verstärkte ihre Mutter durch ihre ständige Kritik Evelyns Verletztheit noch. Einen Großteil ihres Erwachsenenlebens versuchte Evelyn einen Weg zu finden, um mit ihrer Mutter in Kontakt zu kommen, ein positives Band herzustellen, aber sie wurde für ihre Bemühungen immer nur angegriffen. Wenn sie versuchte, dem verletzenden Verhalten ihrer Mutter entgegenzutreten, stieß sie auf Wut und wurde heftig heruntergemacht. Aber lange Zeit konnte Evelyn ihre Mutter nicht aufgeben. Sie glaubte, wenn sie sich nur genug Mühe gäbe, würde sie den Schlüssel zur Liebe ihrer Mutter finden und es möglich machen, daß die Beziehung einen positiven Verlauf nähme. Erst als sie sich mehr auf ihr inneres Kind bezog und anfing, auch ihre eigenen Bedürfnisse zu achten, und als sie Freundschaft mit einer älteren, liebevollen Frau schloß, die einen Ausgleich zu ihrer Mutter herstellte, erkannte Evelyn, daß sie von ihrer Mutter niemals bekommen würde, was sie von ihr brauchte. Sie erkannte, daß sie der Müllschlucker für die Wut ihrer Mutter war. Das war das einzige Band zwischen ihnen. Mit sehr viel Anstrengung ließ sie los, verweigerte ihrer Mutter weitere Möglichkeiten, sie zu kritisieren, und zog sich aus der Beziehung zurück. Insgeheim hoffte ihr kindliches Selbst, daß das die Mutter erreichen und diese hinter ihr herkommen würde, aber das geschah nicht. Statt dessen reagierte die Mutter gleichgültig auf Evelyns Rückzug und unternahm nichts, um ihn rückgängig zu machen oder Verbindung zu ihr aufzunehmen. Anfangs hatte Evelyn extreme Schuldgefühle, so als hätte sie ein großes Tabu gebrochen. »Sie ist meine *Mutter*«, sagte Evelyn. »Wie kann ich mich von ihr abwenden?« Aber langsam begriff sie, daß auch ihre Mutter verantwortlich für die Aufrechterhaltung der Beziehung war und keinen Schritt in diese Richtung unternahm. Es war tatsächlich Evelyn, die in all den Jahren die Beziehung zusammengehalten und immer die Initiative ergriffen hatte.

Evelyn hat gelernt, ohne die Beziehung zu ihrer Mutter zu leben. Zu bestimmten Zeiten fühlt sich ihr kindliches Selbst immer noch tief verletzt; zu bestimmten Zeiten hat sie immer noch Schuldgefühle. Aber sie hat auch gelernt, Zuwendung woanders zu suchen, ihr Bedürfnis nach Bemuttertwerden auf andere Menschen auszuweiten und sich für andere zu öffnen, die fürsorglicher sein können, als ihre Mutter es war. Besonders wichtig ist für sie die Beziehung zu ihrer älteren Freundin Alice, die an Evelyns Leben immer Anteil genommen und sie fortwährend unterstützt hat. »Manchmal wünschte ich, Alice hätte mich geboren. Ich beobachte sie mit ihren Kleinen, und mir wird klar, wie das gewesen wäre. Aber dann begreife ich, daß auch wir unsere Schwierigkeiten miteinander gehabt hätten, ganz gewöhnliche Schwierigkeiten, nehme ich an, aber keine Mutter-Tochter-Beziehung ist vollkommen. Ich bin wirklich glücklich darüber, daß ich ihr statt dessen an diesem Punkt meines Lebens begegnet bin, weil sie jetzt mehr als eine Mutter für mich ist, nämlich auch eine Freundin. Wir haben beide Interessen, die wir als Mutter und Tochter vielleicht niemals miteinander geteilt hätten.«

Die Ausweitung des Bedürfnisses nach Bemuttertwerden kann beinhalten, daß wir uns nach gegenseitiger Unterstützung in Beziehungen zu anderen Frauen umsehen, uns mit der Frauenbewegung identifizieren oder mit Frauen in Geschichte, Literatur oder Kunst. Es bedeutet, sich aktiv an der Bemutterung des ungeheilten Kindes zu beteiligen, indem wir es mit den Hilfsquellen verbinden, die es gegenwärtig braucht. Die Ausweitung der Bemutterung kann auch dazu führen, daß wir Menschen aus unserer Vergangenheit neu beurteilen und andere Frauen berücksichtigen, von denen wir zu der einen oder anderen Zeit sehr viel bekommen haben. In Evelyns Fall gab es eine Beraterin, Marie, die Evelyn sehr viel Ermutigung und Lob für ihre sportliche Tüchtigkeit in den Teenagerjahren gegeben hatte. Als sie den Einfluß dieser Frau neu einschätzte, erkannte sie, daß sie in Maries Augen stark und fähig und ein wertvoller Mensch gewesen war. Obwohl Evelyn Marie nach ihren Teenagerjahren niemals wiedergesehen hatte, war sie jetzt als Erwachsene doch in der Lage, an Maries Präsenz in ihrem Leben zurückzudenken und ihre Sicht einzubeziehen, um sich die Verzerrungen ihres Selbstbildes, die in der Beziehung zu ihrer Mutter entstanden waren, klarzumachen. Schließlich war sie imstande, die Sicht, die ihre Mutter von ihr hatte, zu relativieren und zu erkennen, daß diese die verzerrte Wahrnehmung einer Frau wiedergab, die unfähig war, den wahren Charakter ihrer Tochter zu lieben. Allmählich ist Evelyn so weit gekommen, sich grundlegender mit der Art und Weise zu identifizieren, wie Menschen sie sehen, die sie lieben – sowohl in der Vergangenheit als auch in der Gegenwart.

Die Bedürfnisse des ungeheilten Kindes ernst zu nehmen, aber unsere Tochterschaft loszulassen; den Schmerz über das, was wir nicht bekommen haben, zu spüren, ohne masochistisch zu werden; und den Wunsch/die Forderung aufzugeben, daß unsere Mütter uns bemuttern – das alles ist nicht leicht. Es bedeutet, daß wir unsere Vergangenheit so akzeptieren, wie sie war, während wir dazu stehen, daß unsere Bedürfnisse berechtigt sind. Es bedeutet, die Grenzen dessen, was wir mit unseren leiblichen Müttern erlebt haben, zu akzeptieren, und den Schmerz über die Erkenntnis zu ertragen, daß die Kindheitserfahrungen mit ihr vorbei sind. In gewisser Weise bedeutet es auch, die Ansprüche der Rolle als »Tochter« aufzugeben und zuzulassen, daß auch unsere Mütter ihre Rolle als »Mutter« aufgeben. Etwas ist verlorengegangen, wenn die Bedürfnisse des Kindes in seiner Kindheit nicht erfüllt wurden, aber damit kann auch etwas gewonnen werden. Mangel an Zuwendung kann manchmal die Entwicklung von Unabhängigkeit, Stärke und die Fähigkeit zu Leid und Umwandlung fördern, zu Eigenschaften also, die, wenn sie im Erwachsenenleben durch Zuwendung einen Ausgleich finden, der erwachsenen Persönlichkeit Weite und Tiefe verleihen können.

Die Sehnsüchte des ungeheilten Kindes können auch in ein starkes soziales Engagement umgewandelt werden. Adrienne Rich behauptet, daß die Leidenschaftlichkeit des ungeheilten Kindes – die die erwachsene Frau in sich trägt – zur politischen Leidenschaft werden kann, dem Wunsch, zur Schaffung einer anderen Welt beizutragen, in der Frauen mehr geschätzt werden, den Bindungen zwischen Frauen mehr Wichtigkeit beigemessen wird und diese für Mütter wie für Töchter gleichermaßen von Bedeutung sind, einer Welt, in der unterdrückerische Institutionen und kulturelle Forderungen wie die, daß alle Frauen bestimmten Rollen und Erwartungen zu entsprechen hätten, kontinuierlich in Frage gestellt werden.[32] Auf diese Weise kann das ungeheilte Kind eine enorme Kreativität entfalten.

Das Erlebnis mit falschen Rollen und falschen Bindungen kann einen Zorn und eine Leidenschaft hervorrufen, die danach streben, etwas Neues zu schaffen – nicht indem endlos versucht wird, unsere Mütter, sondern die Welt zu verändern. Auf einer persönlicheren Ebene versuchen viele von uns genau das mit ihren Töchtern, indem sie neue Sichtweisen von Unterstützung und Bindung entwickeln und etwas anderes schaffen als das, was wir in unserer eigenen Geschichte erlebt haben.

Und schließlich können wir in den Sehnsüchten des ungeheilten Kindes eine spirituelle Dimension erkennen. Woher komme ich? Wem oder was gehöre ich an? Was ist mein Nährboden? Was erhält und nährt mich im Leben? Wie soll ich den Schmerz, das Leiden und die Entbehrungen verstehen, die ich erlebt habe? Dies sind nicht nur weltliche Fragen nach unseren menschlichen Beziehungen, sondern auch spirituelle Fragen.

An die, die uns das Leben geschenkt hat, sind in diesem Zusammenhang Fragen nach Schicksal und Sinn geknüpft. »Mutter« wird in diesem Rahmen überlebensgroß, eine Macht, die nicht nur über uns, sondern über den menschlichen Bereich überhaupt hinausgeht. Und alles, womit wir in unseren menschlichen Müttern und unseren gemeinsamen Erfahrungen als Frauen in Berührung gekommen sind, als Mütter wie als Töchter, all jene Orte der Bindungen oder verfehlten Bindungen waren einst heilige Erscheinungsformen: Schwangerschaft und Geburt, Menstruation und Menstruationsblut, weibliche Körper, weibliche Sexualität, der Lebenszyklus von Mädchen – erwachsene Frau – alte Frau – das alles waren göttliche Erscheinungsformen. Nähren, wiegen und Leben erhalten waren ebenso wie verbannen, zurückweisen und berauben nicht nur verbunden mit den Erfahrungen des menschlichen Bemutterns, sondern wurden auch in der Beziehung zum Göttlichen erlebt.

In einem spirituellen Zusammenhang gesehen, wird Mutter größer, ihr Gebären ist nicht nur das körperliche Geschehen, als das wir unsere menschliche Geburt erfahren, sondern ist zugleich Paradigma für die Kreativität des Universums, für Kreativität schlechthin. Ihr Mutterleib ist nicht länger nur der körperliche Ort, der ein menschliches Wesen beherbergt, sondern auch Erscheinungsform für das, was alles Leben in sich reifen läßt und worauf das Leben beruht.

In diesem Zusammenhang erscheinen die Sehnsüchte des ungeheilten inneren Kindes der Frau in einem neuen Licht – die Sehnsucht nach einem Ursprung, mit dem sie verbunden ist, die Sehnsucht, gehalten, genährt, versorgt und erhalten zu werden, ihren Körper zu sehen, sowie den eigenen Körper kennenzulernen und zu schätzen, ein Vorbild für weibliche Stärke und Ganzheit zu haben und es auf ihr eigenes Leben zu übertragen, eine ständige Verbindung zu haben, auf die sie sich verlassen kann und die ihr eine Art Stütze für den weiblichen Sinn ihres Lebens gibt – all diese Sehnsüchte erhalten eine neue Bedeutung. Und selbst das Tochtersein bekommt einen spirituellen Sinn und wird zur spirituellen Suche. Und auch das Leiden – das Gefühl, verlassen zu sein oder nicht genügend eigene Hilfsquellen zu haben, der Schrecken, von einer Macht, die über uns hinausgeht, verschlungen zu werden, die schmerzlichen Entfremdungen, die Wut über das eigene Los und die Liste von Verletzungen, die Entwicklung von Stärke, Unabhängigkeit und Individualität angesichts dieser Erfahrungen – auch all das wird Teil eines viel größeren Geschehens.

Der Grund dafür, warum es so schwer für uns ist, unsere Mütter loszulassen, und warum unsere Sehnsüchte und Forderungen so heftig werden, daß wir weder von unseren Müttern noch von uns selbst ablassen, liegt zum Teil darin, daß sich hinter dieser ganzen Beziehung ein größeres Bild verbirgt, ein Bild, das zu uns gehört und das wir brauchen, das aber durch jahrhundertelange Unterdrückung verdunkelt wurde. Es ist kein menschliches Bild, aber genau das macht es so unwiderstehlich; es trägt die Spuren des Archetyps, einer zwingenden Macht, mit der in Verbindung zu treten wir uns sehnen und fürchten zugleich. Wir sind mit *dieser* Bedeutung von Mutter und Tochter unendlich verbunden, aber diese Verbindung ist in unserer Kultur fast völlig verloren gegangen und wurde einem oft sehr begrenzten menschlichen Wesen aufgebürdet, das sie nicht tragen kann und ihre Präsenz für das eigene Gefühl von Erhaltung und Sinn ebenso braucht wie wir. Teile des Archetyps erreichen uns durch ihre Bemutterung, aber sie ist als Mutter nicht so groß, daß sie alles tragen kann. Und dennoch brauchen wir die Erfahrung jener großen Ganzheit, um ein Bildnis für unsere eigene Ganzheit zu haben und uns darauf zubewegen zu können.

7 Quelle allen Lebens:
die Große Mutter

»Am Anfang der Zeit erschien ein strahlender Glanz«, sang
Merope. »Es war die Mutter. Sie war alles, was war. Sie trennte
den Himmel vom Meer und tanzte auf den Wellen. Hinter Ihr
sammelte sich Wind von Ihrem rasenden Tanz. Als Sie diesen
Wind zwischen Ihren Händen rieb, wurde er zur Großen
Schlange. Sie nahm sie zu sich und liebte sie, und ein großes Ei
wuchs in Ihr, und Sie wurde zu einer Taube. Die Taubenmutter
brütete das Ei aus. Dann entsprangen dem Ei alle Dinge – Sonne, Mond, Sterne, Erde, Berge, Flüsse und alle lebenden Kreaturen. Der strahlende Glanz der Mutter strömte durch alles –
durch Sonne und Meer, durch die Adern der Erde in Wurzel
und Blatt, in Korn und Frucht, in alle Männer und Frauen. Und
fortan und für immer war jede Geburt ein Bejahen des Glanzes,
und jeder Tod ein Geschenk an die Große Mutter.«

June Brindel[33]

Es gab eine Zeit, als Frau sein hieß, das unmittelbare Ebenbild des
Göttlichen zu sein. Es gab eine Zeit, da war Gott eine Frau, und ihre
Weite erfüllte die Visionen und berührte die Herzen sämtlicher
Männer, Frauen und Kinder, die sie anbeteten. Sie wurde die Göttin,
die Herrin, die Mutter aller Dinge genannt. Ihre Erscheinungsformen waren zahlreich: Jägerin und Gebieterin der Tiere, Herrin der
Pflanzen, Königin von Himmel und Erde, Schöpferin, Erhalterin
und Zerstörerin. Sie war es, die das Leben schuf und nährte, und sie
war es auch, die es raubte und wegnahm. Alles war der Großen
Mutter untertan, und diese war der Ursprung und die Quelle aller
lebenden Dinge und auch der unbelebten Welt.

Die Mannigfaltigkeit und Fülle ihrer Gestalten geben Zeugnis davon, wie weit, komplex und vielfältig die Sicht der Frau war, die
damals vorherrschte. Diese Sicht verleiht der weiblichen Erfahrung

Abb.1: Venus von Willensdorf, Österreich, Paläolithikum (mit freundlicher Genehmigung des Marburger Kunstarchivs)

Abb.2: Muttergöttin aus Ur, 4000 v.Chr. (mit freundlicher Genehmigung des Kunstarchivs Scala)

Abb.3: Diana von Ephesus, Rom, 2. Jahrhundert (mit freundlicher Genehmigung des Kunstarchivs Alinari)

Abb.4: Augengöttin, Tel Brak, Mesopotamien, 3000 v.Chr. (Abbildung
mit freundlicher Genehmigung der
Treuhänder des Britischen Museums)

Abb.5: »Baubo« Figur, Ägypten, ptolemäische Periode (mit freundlicher Genehmigung des Nationalmuseums Kopenhagen, Abteilung nah-
östliche und klassische Antiquitäten, Inventarnr. 11725)

100

Abb.6: Sheela-na-gig, Kilpeck, 12. Jahrhundert (mit freundlicher Genehmigung der Royal Commission on the Historical Monuments of England)

Abb.7: Sheela-na-gig, Oaksey Kirche, Wiltshire, 14. Jahrhundert. Achten Sie auf die verlängerte Vulva! (mit freundlicher Genehmigung der Royal Comission on the Historical Monuments of England)

Abb.8: Diana von Versailles (Herrin der Tiere), Rom, 4. Jahrhundert
v.Chr. (mit freundlicher Genehmigung des Kunstarchivs Alinari)

Abb.9: Baumgöttin, Ägypten, 600 v.Chr. (mit freundlicher Genehmigung des Louvre Museums, Copyright © Fotos R.M.N.)

104

tiefe Bedeutung, ehrfurchtgebietende Macht und großen Wert. Vieles von dem, was heute dem Erfahrungsbereich von Frauen verlorengegangen, entfremdet, abgewertet oder namenlos ist, war einst integriert in eine umfassende Sicht von Weiblichkeit, die so geschätzt wurde, daß man sie als heilig betrachtete. Das schloß Sexualität, Menstruation, Gebären, Bemuttern, Menopause, Altern und Macht ein, um nur ein paar Aspekte im Leben der Frau zu nennen, die von den Anbeterinnen und Anbetern der Göttin damals verehrt wurden, heutzutage aber ihren Wert verloren haben oder zum Klischee geworden sind. Wenn wir uns diesen alten Gestalten wieder zuwenden, versuchen, so gut wir können zu rekonstruieren, welche Bedeutung sie in ihrer Zeit hatten, und diese weiterträumen zu einer neuen Bedeutung für unsere eigene Zeit, vertiefen und bereichern wir unsere Selbsterfahrung als Frauen heute. Die vielfältigen Gesichter des weiblichen Gottes erweitern unsere Sicht dessen, was eine Frau ist, und schenken uns größere Möglichkeiten, unsere eigenen Erfahrungen für uns zurückzugewinnen und ihnen einen Namen zu geben. Sie können uns auch als Kontrast dienen, um die patriarchalische Sichtweise von Frauen, die unserer eigenen kulturellen Tradition zugrundeliegt, eindeutiger zu identifizieren und für uns selbst zu bestimmen, welche Aspekte dieser speziellen Sicht unsere Erfahrung richtig erfassen, und welche nicht. Das hilft uns, uns selbst und unsere Erfahrungen wahrheitsgemäß zu benennen, was für die Aufgabe von Frauen heute, ihre Individualität zu entwickeln, von zentraler Bedeutung ist.

Die Religion der Göttin geht bis mindestens 10.000 Jahre v.Chr. zurück und hatte ihre Blütezeit in den folgenden 7.500 Jahren, vor allem unter der Landbevölkerung in Südeuropa. Es gibt auch eindeutige Belege für ihr ursprüngliches Vorherrschen in Afrika, Indien, dem Mittleren Osten und den Britischen Inseln. Etwa um 3.500 v.Chr. wurden die Völker, die dem Göttinnenkult huldigten, von patriarchalischen Eindringlingen aus dem Norden infiltriert, den Indogermanen, die sich in südliche Richtung durch weite Teile Asiens und Europas bewegten und den Kult um einen herrschenden, kriegerischen Himmelsgott mit sich brachten, eine Trennung der Welt in »wir« und »sie«, sowie eine Einstellung zum Weiblichen als etwas Untergeordnetem, die sich bis auf den heutigen Tag gehalten hat.[34]

Selbst nach den Invasionen, die sich über mehrere tausend Jahre hinweg erstreckten, hatten einige Elemente der Göttinnenreligion überlebt und existierten zusammen mit patriarchalischen Religionen wie dem Judentum und dem Hinduismus weiter oder manifestierten sich in verzerrter Form innerhalb der patriarchalischen Religionen selbst. Im klassischen Griechenland waren viele der Eigenschaften und Kräfte, die einmal charakteristisch für die Große Mutter gewesen waren, von herrschenden männlichen Gottheiten wie zum Beispiel dem Himmels- und Donnergott Zeus, einem arischen Import, usurpiert worden. Die Ursprünge der Großen Mutter verloren sich im Dunkeln; ihre Geschichten wurden in verzerrter Form wiedergegeben. Die weibliche Gottheit, die – so sagt man – einst sogar die Götter als Mutter anerkannt hatten, wurde jetzt in unterwürfiger Gestalt dargestellt. Sie wurde zur Gemahlin, Frau, Schwester oder Tochter des Männlichen und war später als Jungfrau Maria lediglich Mutter eines Sohnes, dem sie untergeordnet ist, ein menschliches Gefäß für das Göttliche, das man sich jetzt ausschließlich männlich vorstellte. Und immer noch überlebte sie: die Verfolgung ihrer Priesterinnen durch die frühe Christenheit und auch die strenge Kontrolle des weiblichen»Platzes« innerhalb und außerhalb der Kirche, die so weit ging, daß Frauen, die sich im Mittelalter nicht auf diesen Platz beschränkten, getötet wurden[35] – und zwar von derselben Kirche, die erst jüngstens erneut ihre öffentliche Verkündigung bekräftigte, daß Frauen als direkte Vertreterinnen des Göttlichen ungeeignet sind. Und trotzdem hat auch die Katholische Kirche, ohne sich dessen bewußt zu sein, die Göttin am Leben erhalten. Sie lebt fort in blasseren Versionen ihrer selbst; ihre einst heiligen Eigenschaften tauchen auf in Geschichten über das Leben der weiblichen Heiligen[36] und in den verschiedenen Erscheinungen und Anbetungsformen der Jungfrau Maria.[37] Aber in diesen Ausprägungen repräsentiert sie weder weiterhin die weibliche Erfahrung in ihrer Ganzheit noch bietet sie uns vielfältige Vorbilder für das Frau- oder das Mutterdasein. Sie ist geschmälert worden, beschränkt auf wenige ihrer Eigenschaften, ihres Zaubers und ihrer

Kraft beraubt, überdeckt von Klischees von Weiblichkeit – und das gilt auch für die Frauen, deren Leben immer noch das ihre widerspiegelt.

Vor allem im letzten Jahrzehnt können wir ein Wiederaufleben des Interesses an der alten Göttin beobachten, und zwar von den verschiedensten Seiten. ArchäologInnen, TiefenpsychologInnen, KünstlerInnen, SchriftstellerInnen, Geistliche, PriesterInnen und HistorikerInnen haben ein Buch nach dem anderen über die Göttin und ihre Bedeutung für unsere Zeit herausgebracht. Eine »weibliche Spiritualität« ist als Bewegung entstanden, deren Bandbreite von Frauen reicht, die die weiblichen Aspekte der traditionellen jüdischen und christlichen Religionen ausgraben und neu schätzen lernen wollen, bis zu denjenigen, die neue Rituale und Kulte kreieren möchten, die sich an die Erscheinungsformen und Traditionen der alten Zeiten anlehnen.[38] TherapeutInnen, die mit Träumen und anderem bildlichen Material arbeiten, bekommen die Erscheinung numinoser weiblicher Figuren, die manchmal in direktem Zusammenhang mit den uralten Bildnissen der Göttin stehen, im Material von Menschen zu sehen, die überhaupt keinen Zugang zu solchen Bildern gehabt haben und sich eine »Göttin«[39] bewußt nicht vorstellen und auch nicht bereitwillig akzeptieren würden. Sowohl auf der individuellen wie auch auf der kollektiven Ebene werden Menschen »wach« für eine neue Verbindung zu einer transpersonalen und erweiterten Sicht des Weiblichen und finden darüber zu einem neuen Sinn und einer neuen Vitalität in ihrem Leben. Bei Frauen berührt diese erneut aufgenommene Verbindung einen großen Hunger, ein Seelenbedürfnis, in ein Selbst hineinzuwachsen und es für sich zu beanspruchen, das größer ist als die kulturellen Vorschriften, das *all* ihre Erfahrungen schätzt und ihrem Leben einen tieferen und wahreren Sinn verleiht.

Carol Christ, eine feministische Theologin, die ausführlich über die spirituelle Suche von Frauen geschrieben hat, behauptet, daß das Bildnis der Göttin eine Anerkennung der weiblichen Macht ist, einer Macht, die nicht von Männern abhängig ist und auch nicht aus der patriarchalischen Sicht hervorgeht, und zwar ganz gleich, ob wir uns die Göttin als personifiziertes Wesen vorstellen oder als Energie, die in oder unter Frauen kreist. Dieses Bildnis ist eine Bestätigung des weiblichen Körpers, ein Schätzen des weiblichen Willens und eine Genesung der Mutter-Tochter-Beziehung in deren größerem Zusammenhang. Und schließlich ist es ein bedeutender Aspekt unseres weiblichen Erbes, eines Erbes, das für die meisten von uns unbekannt und verloren war, das uns aber rückwärts wie vorwärts mit Frauen aller Zeiten und Kulturen verbindet.[40] Mit anderen Worten, die Göttin reflektiert für uns, was in unserer Kultur so sehr fehlt: positive Bilder unserer Macht, unseres Körpers, unseres Willens und unserer Mütter. Die Göttin betrachten heißt, uns an uns selbst zu erinnern und uns in unserer Ganzheit zu sehen.

Vor dem Schrumpfen des Weiblichen war die Göttin – und alles, was in unserem eigenen Leben zersplittert ist, befand sich in ihrem Leben in Harmonie. Sie war zutiefst in ihrem Körper verwurzelt. Ihr Körper selbst war heilig. In der Alten Religion waren Körper und Geist eins. Sie wurde als so kraftvoll und körperlich betrachtet, wie ihr auch Gestalt verliehen wurde (*Abbildung 1, S. 97*). Ihre Schenkel, ihr Bauch, ihre Brüste waren üppig, ihre körperliche Stärke offensichtlich. Wir haben keinen Blick mehr für die Schönheit eines solchen Bildnisses, wir, denen beigebracht wurde, sich ständig zu messen. Zu dick, zu dünn, zu schmal, zu faltig: unser Körper ist nie schön, so wie er ist. Wir müssen unsere Natürlichkeit verleugnen, um Schönheit sehen zu können.

Was wir gelernt haben zurückzuweisen, war einst heilig. Was wir gelernt haben, hinter verschlossenen Türen zu verstecken, wurde einst in der Öffentlichkeit gefeiert. Blut war der Göttin heilig – Menstruationsblut. Einige ihrer Bildnisse sind zwischen ihren Schenkeln rot. Was manche von uns und viele unserer Mütter als »Fluch« zu betrachten gelernt haben, wurde einst für ein Segen gehalten, eine speziell weibliche Magie. Im Blut, das von selbst und nicht aus einer Wunde fließt, wurde die Quelle allen Lebens gesehen.[41] In einer uralten Schöpfungsgeschichte heißt es, daß die Mutter, als sie Mann und Frau schuf, diese aus einer Mischung aus ihrem Menstruationsblut und Lehm formte.[42] Darüber hinaus trug jede Frau etwas von der heiligen Substanz der Göttin in sich und hatte teil an ihrer Fähigkeit, Leben zu schaffen. Die alten Völker glaubten daran, daß es zur Schwangerschaft kam, wenn eine Frau ihr Blut »zurückhielt« und es in sich sammelte, bis es ein Kind formte, das bei der Geburt herausfloß. Zur Zeit der Menopause, wenn sie ihr magisches Blut für immer längere Zeitspannen zurückhielt, wurde ihre Kreativität sogar noch potenter und erschuf nicht mehr länger menschliche Kinder, sondern eine weibliche Weisheit, die sich verströmte, um den Stamm zu lehren und anzuleiten.[43] Altwerden war gleichbedeutend mit der Ansammlung von weiblicher Weisheit tief in ihrem Inneren, aus deren Reichtum sie schöpfen konnte, um die ganze Gemeinschaft mit ihrem Wissen zu speisen. Auf diese Weise wurde die ältere Frau zu einer »größeren« Mutter, die sich über die Fürsorge um ihre leiblichen Kinder hinaus bewegte, um sich der Mutter aller Dinge stärker anzunähern, nach deren Bildnis sie geschaffen worden war.

Neben ihrem Blut wurden auch Schwangerschaft und Geburt der Göttin als heilig betrachtet. Sie wurde abgebildet, wie sie Tiere, Kinder und die Welt gebiert. Stellen Sie sich das Bildnis einer Geburt auf dem Altar vor, auf dem das Blut und das Wasser, welche die frühen Kirchenväter bei Christi Geburt durch die Jungfrau wegließen, wieder präsent sind und ihnen ihre ehemals göttliche Kraft erneut verliehen wird. Alles, was für eine Frau »natürlich« ist, war in der Religion der Göttin sowohl von weltlicher als auch von spiritueller Bedeutung.

Ihr Schoß wurde besonders hervorgehoben. Bild auf Bild betont das Beckendreieck (*Abbildung 2, S. 98*). Dies war der Ort des Ursprungs, dies war der Mittelpunkt der Welt. Aus ihrem Körper kamen alle Dinge ins Sein. Weit über körperlich-biologische Vorgänge hinausgehend, war der Schoß die Essenz des Kreativen, und Kreativität war weiblich.

Und ihre Brüste (*Abbildung 3, S. 99*)! Welche Macht wurde ihnen zugesprochen, denn sie gaben nicht nur Milch, sondern auch den lebenspendenden Regen.

In vielen Kulturen waren auch die Augen der Göttin heilig (*Abbildung 4, S. 100*). Sie hatte die Macht, jemanden durch ihren Blick in Verlegenheit zu bringen und zu hypnotisieren, wie im Fall der Medusa, oder jemanden anzuziehen, zu faszinieren und zu zwingen.

Ein Archäologe spekulierte, nachdem er Dutzende von Figuren gesehen hatte, in denen die Augen wiederholt als Symbole für Wasser dargestellt wurden, daß die alten Völker glaubten, im Mittelpunkt der Welt, dort wo die Schöpfungswasser fließen, befänden sich die Augen der Göttin.[44] Stellen Sie sich ihren Blick im Zentrum des Selbst vor, dort, wo der Fluß des Lebens beginnt... Was würde es heißen, von ihr gesehen zu werden? Welche Seiten von uns würden uns gespiegelt werden? Uns wird beigebracht, weder uns noch andere richtig anzuschauen. Uns wird beigebracht, vor allem mit den Augen von Männern zu sehen und sowohl unsere Erscheinung als auch unser Denken und unseren Körper danach zu beurteilen, ob und wie sehr sie anderen »gefallen«.

Es ist schwer, sich kurz zu fassen, wenn es um die Sexualität der Göttin geht. In unserer Kultur hat das Göttliche ein Geschlecht, aber keine Sexualität; das Sexuelle gilt als dem Spirituellen entgegengesetzt. In der Alten Religion existierte diese Spaltung nicht, die uns von klein auf beigebracht wird. Merlin Stone schreibt in ihrem Buch *Als Gott eine Frau war*: »Im Kult um die weibliche Gottheit war Sex Ihr Geschenk an die Menschheit. Sie war heilig... der sexuelle Akt galt als so göttlich und kostbar, daß er im Hause der Schöpferin von Himmel, Erde und allem Leben vollzogen wurde...«[45]

Nicht nur der sexuelle Akt war heilig, sondern auch ihre Genitalien (*Abbildung 5, S. 100*), die mit einem fröhlichen Feiern der eigenen Person in Zusammenhang gebracht wurden. So heißt es in einem Gedicht über die sumerische Göttin Inanna, das etwa um 2000 v.Chr. geschrieben wurde:

> Inanna setzte sich die Shugurra, die Krone der
> Steppe, auf den Kopf.
> Sie ging zur Schafherde, suchte den Schäfer auf.
> Sie lehnte sich gegen den Stamm des Apfelbaumes.
> Und als sie sich gegen den Stamm des Apfelbaumes lehnte,
> war ihre Vulva wunderbar anzuschauen.
> Sich an ihrer wunderbaren Vulva erfreuend,
> spendete Inanna sich selbst Beifall.[46]

In einem anderen Gedicht singt diese strahlende Göttin ausdrücklich von ihrer Sexualität:

> Laß den Sänger in sein Lied weben,
> was ich dir sage.
> Laß vom Ohr zum Mund,
> von Alt zu Jung fließen,
> was ich dir sage:
> Meine Vulva, die Gallionsfigur
> des Himmlischen Bootes,
> ist voller Begierde wie der junge Mond.
> Mein unbebautes Land liegt fahl.[47]

Dann ruft sie unumwunden nach ihrem Liebsten, Duzumi:

> So pflüge meine Vulva, Mann meines Herzens!
> Pflüge meine Vulva![48]

Das Bildnis in Abbildung 5 stammt aus dem Alten Ägypten. Aber überraschenderweise finden sich ähnliche Bildnisse in der Architektur einiger mittelalterlicher Kirchen in England und Irland (*Abbildungen 6 und 7, S. 101 und 102*). Einige dieser Figuren, *Sheelana-gigs* oder *Sheelas* genannt, sind älter als die Kirchen, zu denen sie gehören, während das für andere nicht gilt. Über ihre Bedeutung weiß man nicht viel. Man glaubte, daß sie heilende und fruchtbare Kräfte hätten, und die Menschen berührten und rieben diese Figuren, wie es auch schon in sehr viel früheren Göttinnnenkulten Sitte gewesen war.[49] Viele von ihnen wurden in Torbögen gefunden, so daß es war, als müsse man die Kirche *durch* sie betreten.
Wir machen unsere Witze über »Mutter Natur« (*Abbildung 8, S. 103*). Wir haben in der Margarinewerbung parodiert, was einst heilig war: »Es ist nicht nett, Mutter Natur an der Nase herumzuführen!« Dies sagte vor einigen Jahren eine Stimme, als die Person in dem entsprechenden Werbefilm entdeckte, daß sie Margarine statt Butter aß. In der Alten Religion war die Gottheit grundlegend eins mit der Natur, so wie auch Natur und Geist nicht voneinander getrennt waren. Die Göttin war die Herrin der Tiere, der Pflanzen, der Erde und der Himmel.

Der Mond war ihr spezielles Symbol: Geburt, Tod und Wiedergeburt, die man sich alle lebhaft mit dem Wechsel des Mondes vorstellte, waren der grundlegende Ausdruck der weiblichen Gottheit.
Und sämtliche Kreaturen, die dies wiedergaben, waren ihr heilig:
die Schlange, die sich häutet, der Bulle und die Kuh mit ihren halb-
mondförmigen Hörnern, der Schmetterling, der auf wundersame
Weise aus seinem Puppensarg wiedergeboren wird.

Darüber hinaus konnte sie die Gestalt all ihrer Geschöpfe annehmen
und zur Schlange, zum Bullen oder zum Baum werden (*Abbildung
9, S. 104*). Die Form eines Tieres oder einer Pflanze anzunehmen
bedeutete keine Verringerung des Göttlichen, sondern war vielmehr
ein weiterer Ausdruck ihrer Qualitäten. Auch andere Tiere waren
ihr besonders heilig. Die Vögel sprachen zu ihr und übermittelten
ihr Prophezeiungen, und sie wird oft in Begleitung von Vögeln oder
mit den Eigenschaften von Vögeln ausgestattet gezeigt (*Abbildung
10, S. 121*). Fische waren Ausdruck ihrer Verbindung zu den Tiefen
und zu den Wassern der Schöpfung. Die »Meerjungfrau«, eine Figur, die uns aus Kindermärchen so vertraut ist, war ursprünglich ein
Bildnis der Göttin.

Wir bezeichnen diese Einstellung als *pantheistisch*. Als Tier gesehen zu werden, hält man in unserer Kultur für unter unserer Würde.
Wir glauben, wie viele kleine Adams die Natur beherrschen zu
müssen: wir töten, wir vergiften, wir entwurzeln, ohne neu zu pflanzen. Ein Aufkleber, der bei einigen Umweltschützergruppen beliebt
ist und ein Bild der Erde mit der Aufschrift »Liebe Deine Mutter«
zeigt, geht auf viel frühere Zeiten zurück, als diese Form von Liebe
als spirituelles Gebot betrachtet wurde, und das gewaltsame Zerstören der Natur einer Entweihung der Großen Mutter gleichkam. Damals bedeutete das Fällen selbst eines einzigen Baumes, der ihr
heilig war, daß man mit schweren Bestrafungen zu rechnen hatte
und sogar mit dem Tod spielte.[50]

Es gibt zahlreiche Darstellungen der Göttin, die sie direkt als Mutter
porträtieren (*Abbildungen 11 und 12, S. 122 und 123*). Es ist wichtig
zu beachten, daß »Mutter« in diesem Zusammenhang sowohl symbolisch als auch leiblich bedeutet. Sie war nicht nur Mutter als Ge-
bärerin von Tieren, Pflanzen und Menschen; sie war auch Mutter im

Sinne von Nährboden, Ursprung, Grundursache für alles, was existiert. So konnte sie als Mutter der Lebenskraft gesehen werden, als Mutter von Erdbeben, Pocken und selbst des Todes. Auch hier gilt, daß ihr »Kind« nicht nur das leibliche Kind war, sondern auch Symbol für alles, was ihr entströmte und von ihr abhängig war. Ein Lied einer Gruppe kolumbianischer Indianer, das in Erich Neumanns Buch *Die Große Mutter* zitiert wird, hält die Universalität der Göttin als Mutter poetisch fest:

> Die »Mutter der Gesänge« (Sibalaneuman), die Mutter unseres
> ganzen Samens, gebar uns im Anfang.
> Sie ist die Mutter aller Arten von Menschen und
> die Mutter von allen Stämmen.
> Sie ist die Mutter der Donner, die Mutter der Flüsse,
> die Mutter der Bäume und aller Arten von Dingen.
> Sie ist die Mutter der Gesänge und Tänze.
> Sie ist die Mutter der Welt und der älteren Brüder Steine.
> Sie ist die Mutter der Feldfrüchte und die Mutter
> aller Dinge.
> Sie ist die Mutter der jüngeren Brüder Franzosen
> und der Fremden.
> Sie ist die Mutter der Tanzgeräte und
> aller Tempel und ist die einzige Mutter, die wir haben.
> Sie ist die Mutter der Tiere, die einzige,
> die der Milchstraße…
> Sie ist die Mutter des Regens, die einzige, die wir haben.
> Sie allein ist die Mutter der Dinge,
> sie allein.
> Und so hat die Mutter ein Andenken in allen Tempeln
> hinterlassen.[51]

Als Mutter ist die Göttin die Gebärende, die Fürsorgende und Erhalterin von allem, was sie hervorbringt. Sie ist die Verkörperung von mütterlicher Sorge, Schutz, Nahrung, Zärtlichkeit und Liebe. Sie spendet ihren Segen, teilt ihre Nahrung aus, ebenso wie wir es von ihrem menschlichen Ebenbild erwarten. Aber die Große Mutter ist nicht nur gütig und liebevoll. Aus ihr ergießt sich nicht nur die Nahrung, die die Welt erhält. Um sie in ihrer Ganzheit zu sehen, müssen wir diese Große Mutter auch als eine Kraft betrachten, die raubt und zerstört. Sie ist die Gorgo, die uns vor Schreck erstarren läßt (*Abbildung 13, S. 124*), die Erde, die durch Blut fruchtbar gemacht wird, der Geier, der sich von den Toten ernährt (*Abbildung 14, S. 125*). Sie gebiert ihre Kinder, aber sie verschlingt sie auch. Sie ist die Göttin des Lebens, aber auch die Göttin des Todes. Die Große Mutter ist grundsätzlich zwiespältig und verkörpert sowohl eine »gute« als auch eine »schreckliche« Seite. Selbst die gütigsten Darstellungen von ihr haben eine dunklere, wildere oder destruktivere »Schwester«.[52] Und trotzdem ist diese Ambivalenz kein statisches entweder/oder, sondern Ausdruck des Glaubens, an dem die Alte Religion zutiefst festgehalten hat – daß das Leben grundsätzlich ein *Prozeß* ist, ein »Werden« statt ein »Sein«, und daß dieser Prozeß nach einem zyklischen Muster verläuft, das sich endlos wiederholt. So wie auf den Sommer unweigerlich Herbst und Winter folgen, aus denen wiederum der Frühling entspringt, so wie eine faulende Frucht aus ihrem Sterben den Nährboden hervorbringt, aus dem die in ihr verborgenen Samen sprießen können, so war es für die Alten auch »gegeben«, daß die Mutter aller Dinge diesen grundlegenden und unnachgiebigen natürlichen Ablauf verkörperte. So erschuf die Göttin Leben, erhielt es, zerstörte es und nahm es im Tode zu sich zurück, nur um das, was sie getötet hatte, wieder zu neuem Leben zu bringen.

Die weit verbreitete Sicht von ihr als Dreifaltige Göttin ist auch Ausdruck des Zyklus von Geburt, Tod und Wiedergeburt. Als ursprüngliche Dreieinigkeit glaubte man von der Göttin, daß sie sich sowohl sukzessiv als auch gleichzeitig als junge Frau, Mutter und weise Alte verkörperte. Als junge Frau hütete sie die Anfänge des Lebens und seiner frühen Entwicklung und verlieh diesen Ausdruck; unter diesem Aspekt wurde sie als Mädchen oder die Kore [griech. Jungfrau, Anm.d.Ü.] betrachtet. Ihr mütterlicher Aspekt bezog sich nicht zwangsläufig auf den biologischen Zustand, ein Kind zu haben, sondern bezeichnete die Verwirklichung des Lebens, seine Reife; unter diesem Aspekt war sie eine reife Frau. Als weise Alte galt sie als die mächtigste von allen, denn diese war es, die das Altern und das Ende des Lebens repräsentierte, die die Verbindung herstellte zwischen Leben und Tod. Unter diesem Aspekt erschien sie als Greisin oder skelettartiges Hexenweib. Aber die Zerstörung des Lebens durch die weise Alte war zugleich auch eine Initiation in ihr tiefstes Mysterium: daß sie aus dem Tode neues Leben erschuf. Auf diese Weise waren die weise Alte und die junge Frau untrennbar miteinander verbunden, wurde der Zyklus wiederholt und ging weiter. In ihrer Dreifaltigkeit verlieh die Göttin auch jeder Phase im Leben einer Frau Bedeutung und sogar Heiligkeit. Anders als in unserer Kultur, in der nur die Jugend einer Frau geschätzt wird, verehrten die früheren Kulturen auch die alternde Frau. Aus der Sicht der Alten Religion war es die weise Alte, die am meisten Wissen und Macht besaß.[53]

Als Zerstörerin war die Göttin wahrhaft erschreckend, die wilde, verschlingende und unbarmherzige Mutter. Wie die Hexe im Märchen, durch die sie später repräsentiert wurde, benutzte sie ihre Kinder als Nahrung für sich selbst, statt sie zu ernähren. Ihre eigenen Bedürfnisse standen an erster Stelle und mußten befriedigt werden.[54] Manchmal wurde sie sogar so dargestellt, daß sie in ihrer Wildheit zu weit ging und spezielle Maßnahmen ergriffen werden mußten, um sie zu ermahnen, zu ihrem sanfteren und wohltuenderen Selbst zurückzukehren. In einem Märchen aus dem Alten Ägypten zum Beispiel gerät die löwenköpfige Göttin Sekhmet (*Abbildung 15, S. 126*) so ins Rasen, daß sie die menschlichen Entweiher des Sonnengottes Ra tötet. Überwältigt von ihrer berechtigten Wut, geht sie zu weit und droht mit der Ausrottung der gesamten menschlichen Rasse. Die Götter versuchen, sie zurückzuhalten, aber sie ist berauscht von ihrer eigenen Todesmacht und verkündet ihre Freude daran. So greifen die Götter zu einem Trick, um ihr beizukommen, und verteilen auf dem Schlachtfeld Krüge von rotem Bier. Da sie glaubt, es sei Blut, trinkt sie es und wird von seiner Wirkung überwältigt. Als sie erwacht, ist sie zu ihrem gütigeren und beherrschteren Selbst zurückgekehrt.[55]

Als Tötende jagt die Göttin Entsetzen ein, aber als Empfängerin der Toten erscheint sie wieder als die liebende und zärtliche Mutter, den Tod ebenso wiegend, wie sie das Leben gewiegt hat. Der Tod ist eine Rückkehr zu ihr. Die Alten Ägypter drückten das auf eine schöne Weise aus, indem sie Bildnisse der Göttin auf die Innenseite der Deckel ihrer Sarkophage malten (*Abbildung 16, S. 127*), so daß es war, als würden die Toten von der Göttin bewacht. Andere Menschen drückten die gleiche Vorstellung aus, indem sie ihre Toten in einer fötalen Körperhaltung begruben oder in Gefäße legten, die wie ein Schoß geformt waren. Der Tod wurde von der Mutter empfangen, selbst wenn sie es war, die ihn brachte.

Eine der Göttinnen, die immer noch fortlebt und deren Mythologie und bildliche Darstellungen die Fülle von Leben und Tod der Großen Mutter aufs lebhafteste darstellen, ist die indische Göttin Kali (*Abbildung 17, S. 128*). Kali ist sowohl eine moderne als auch eine uralte Göttin. Sie ist älter als Christus und wird auch im heutigen Indien noch verehrt. Sie ist die Schutzherrin der Diebe, die Göttin der Zerstörung und des Todes und trägt eine Halskette aus menschlichen Körpern und einen Gürtel aus menschlichen Händen. Feurig sexuell und aggressiv, erschafft sie den Tod und tanzt mitten unter ihm. Sie wird an den Verbrennungsstätten verehrt. Aber sie ist auch die gütige und wohltuende Mutter, die ihren Kindern zärtlich zugewandt ist.[56] Ramakrishna, ein spiritueller Führer Ende des neunzehnten Jahrhunderts und einer der ergebensten Verehrer der Göttin, sprach davon, wie er mit Mutter Kali gespielt und sich ihr als innig geliebtes Kind genähert habe. Ein späterer Anbeter beschreibt sie und ihre Bedeutung wie folgt: »Sie trägt Halsketten aus Gold und Perlen, eine goldene Girlande aus Menschenköpfen und einen Gürtel aus Menschenarmen. Sie trägt eine goldene Krone, goldene Ohrringe und einen goldenen Nasenring mit einem Perlentropfen. Sie hat vier Arme. In der unteren linken Hand hält Sie einen abgeschlagenen menschlichen Kopf und die obere umfaßt einen blutgetränkten Säbel. Mit der einen rechten Hand schenkt Sie Ihren Kindern Segen, die andere mildert deren Furcht. Ihre Haltung ist von einer Majestät, die man kaum beschreiben kann. Sie vereinigt den Schrecken der Zerstörung mit dem Trost mütterlicher Zärtlichkeit. Denn Sie ist die kosmische Macht, die Totalität des Universums, eine strahlende Harmonie der Gegensatzpaare. Sie teilt ebenso den Tod aus, wie Sie erschafft und bewahrt. Sie hat drei Augen, und das Dritte Auge ist das Symbol für göttliche Weisheit. Sie schlagen den

Gottlosen mit Entsetzen und verströmen doch Zuneigung für Ihre Anbeter.«[57] Die Göttin Kali ist eine sehr symbolträchtige Darstellung der Großen Mutter. Sie löst in ihren Kindern Entsetzen aus, und doch tröstet sie sie auch und schenkt ihnen ihren Segen. In ihr existieren die ursprünglichen Kräfte von Leben und Tod zusammen.

Unter den Mythen, die uns immer noch zugänglich sind, gibt es fast keine, die die Beziehung zwischen Mutter und Tochter in ihrem ursprünglichen göttlichen Zusammenhang darstellen. Eine Ausnahme bildet der griechische Mythos von der Korngöttin Demeter und ihrer geliebten Tochter Kore, den wir in Homers Hymne an Demeter finden.[58] Das zentrale Thema dieses Mythos ist die Vergewaltigung und Entführung der jungen Frau Kore durch Zeus' Bruder in der Unterwelt, den schrecklichen Gott Hades. Hades und Zeus waren in der früher vorherrschenden Mutterreligion patriarchalische Importe. Auf der einen Ebene zeigt der Mythos die Auswirkung der patriarchalischen Invasionen auf die Religion der Göttin und zeichnet diese scharf als eine schmerzliche Trennung von positiv verbundener Mutter und Tochter.[59] Aber in diesem Mythos wird die Mutter nicht einfach überwältigt: Sie kämpft. Die sonst so milde und liebevolle Demeter wird in ihrem Kummer und ihrer Wut zunehmend boshaft und zieht ihr Geschenk, das Korn, zurück. Die Felder der Bauern liegen brach. Zeus muß die Opfergabe der ersten Früchte der Ernte entbehren, und den menschlichen Wesen droht der Hungertod. Kein noch so besänftigendes Zureden kann Demeter erweichen, und schließlich muß Zeus nachgeben. Er läßt die junge Frau für ihre Mutter wieder auferstehen, obwohl ein Schachzug von Hades in letzter Minute sie an die Unterwelt fesselt. So wird sie von jetzt an ihre Zeit zwischen ihrer Mutter und dem Herrscher der Unterwelt aufteilen, ein halber Triumph für jeden der beiden.

Dieser Mythos ist komplex und vielschichtig, aber der zentrale emotionale Aspekt ist hier besonders relevant. Weder Mutter noch Tochter beugen sich freiwillig den Kräften des Patriarchats. Demeter kämpft um die Rückkehr ihrer Tochter, während Kore sich weigert, mit Hades in der Unterwelt zusammenzuarbeiten und sich nach ihrer Mutter sehnt. Hades, Träger patriarchalischer Werte und männlicher Festlegung des »Platzes«, den Frauen einnehmen sollen, durchreißt das ursprüngliche Band zwischen Frauen und trennt die Tochter von der Mutter.

Ich glaube, wir kennen diese Trennung. Vor allem wissen wir, wie es ist, Kore zu sein – weggezerrt von unseren Wurzeln, unserem Zuhause, unserem weiblichen Erbe. Wir haben in einer spirituell fremden Welt gelebt, voll von namenlosem Heimweh[60] nach etwas, das wir niemals erlebt haben (denn die meisten von uns haben die ursprüngliche Verbindung zu einer verläßlichen Demeter nie erfahren). Und dieses Heimweh, diese Sehnsucht nach der verlorenen Mutter, ist gleichbedeutend mit dem archetypischen Kern der sehnsüchtigen Wünsche des ungeheilten Kindes. Aus der archetypischen Perspektive sehnen wir uns nach uns selbst und einer Mutter, die so allumfassend und weit ist, wie unsere Seele sie braucht. Der Mythos behauptet, daß der patriarchalische Bruch durch Hingabe, Treue und eine Erinnerung an die Zeit vor der Trennung zumindest teilweise behoben werden kann. Für die moderne Frau heißt das, daß sie wieder entdecken muß, was verlorengegangen ist, und ein authentisches Verhältnis dazu finden muß.

Einige Frauen können, wenn sie zur Göttin finden, den größten Sinn darin sehen, sie als etwas Transzendentes wahrzunehmen, als ein Wesen »da draußen«, dem sie sich mit Ritualen, Gebeten und Verehrung nähern können. Für diese Frauen wird die Göttin zum Ursprung und Mittelpunkt ihres Lebens und zu dessen Daseinsberechtigung. Vielleicht erleben sie, wie die Göttin mit ihnen im Gebet oder in der Meditation Zwiesprache hält oder sie in ihren Visionen und Träumen aufsucht. Sie können sich als »Kinder Gottes« erleben, Töchter einer Großen Mutter, und danach streben, ihr in ihrem täglichen Leben zu dienen. Vielleicht verleiht die Wahrnehmung, daß sie »ihr Ebenbild« sind, ihrem Leben einen tiefen Sinn. So kann eine alte Frau Beruhigung und Trost in dem Wissen finden, daß ihr Körper immer noch ein Ebenbild des Göttlichen ist, und danach trachten, die Prägung durch das Wissen der weisen Alten in ihrem Denken und in ihrem Geist aufzuspüren. Eine Frau in mittleren Jahren kann erkennen, daß jetzt für sie die Zeit der Mutter gekommen ist und die Führung der Göttin suchen, um die Energie und die Anstrengung zu verkörpern, die ausschlaggebend dafür sind, daß sie in ihrem Leben Erfüllung findet. Ein Mädchen kann in der jungen Frau die Schönheit und Üppigkeit ihres eigenen sich entwickelnden Körpers und Geistes sehen und diese nicht nach den Maßstäben einer Gesellschaft beurteilen, die sie auf diese Phase ihres Lebens festlegen und darin einsperren will, sondern sie als Vorform für die Fülle der Mutter und der weisen Alten sehen, die sie einmal werden wird.

Für andere Frauen ist die Göttin nicht »da draußen«, sondern »hier drinnen«. Diese Frauen betrachten die weibliche Gottheit als immanenten Gott-in-uns, als Kräfte und Energien, die sich in und zwischen Frauen bewegen. Auf diese Weise können wir die Weigerung der Göttin, dem Patriarchat zu dienen, in einer Protestveranstaltung gegen Atomwaffen sehen oder in einer Kundgebung zu dem Thema »Frauen erobern sich die Nacht zurück«.[61] Vielleicht finden wir sie als Schöpferin in den Ideen, die uns inspirieren und anfeuern, verehren sie als Zerstörerin und Wiedergebärende, wenn wir die Wirkungen einer reinigenden Wut spüren, die eine alte Beziehung abreißen läßt, aber auch den Weg für neues Wachstum freimacht. Sie kann als Gesetz erscheinen, das in Form der Notwendigkeit auftritt zu lernen, auch dann für ein krankes Kind zu sorgen, wenn wir es nicht wollen und als große Unbequemlichkeit empfinden. Vielleicht erfahren wir sie in der hitzigen Konfrontation mit anderen auch als Jägerin, erkennen ihre Energie in den scharfen Worten und der intensiven Eindringlichkeit, setzen uns ihren Pfeilen aus, bis sie ins Mark treffen und unsere verborgene Wahrheit zum Vorschein bringen, wobei wir jeder Gegenwehr beraubt sind wie ein verwundetes Tier. Oder wir finden sie als Mutter und Mädchen, wenn wir uns darauf verpflichten, eine neue Fähigkeit, ein neues Projekt oder einen noch nicht verwirklichten Traum zu unterstützen und zu entwickeln.

Aber ob wir sie nun als transzendente oder als immanente Kraft oder als beides betrachten – die Göttin in ihren reichen und verschiedenen Erscheinungsformen schenkt uns die Möglichkeit, unseren Erfahrungen als Frauen eine neue Bedeutung beizumessen. Sie bietet uns eine Sicht von Weiblichsein, die weit über die Grenzen unseres kulturellen Bildes hinausgeht, und hilft uns, all dem erneut eine tiefe

Bedeutung abzugewinnen, was für uns abgespalten oder verloren war. Durch sie können wir das Leben unseres Körpers wieder für uns in Anspruch nehmen, ebenso unsere selbsterzeugende Kreativität, die Bedeutung unseres gesamten Lebenszyklus von der Kindheit bis ins hohe Alter, können ein neues Verhältnis zur Natur finden und selbst unsere Wut und Zerstörungskraft als Ausgleich für unsere Fähigkeit zu nähren und zu lieben sehen lernen. Durch sie werden wir wiedergeboren in die Verbindung mit dem »Gefäß« für unser Leben, nach dem das ungeheilte Kind in uns weint. Die Göttin betrachtet uns mit neuen Augen, die nichts mit den Augen des Patriarchats zu tun haben.

Aber ihre Darstellungen und die Geschichten über sie versetzen uns auch in die Lage, uns mit dem, was bereits existiert, zu identifizieren und es zu benennen, Erfahrungen, die wir innerlich spüren, für die wir aber keine Worte finden, um sie auszudrücken. So erleben viele Frauen zum Beispiel in sich eine Verbindung zwischen Sexualität und Spiritualität, für die sie keine Worte haben. Suchen sie innerhalb unserer Kultur nach einem Verständnis dafür, müssen sie vielleicht feststellen, daß sie als »blasphemisch«, »komisch« oder »obszön« bezeichnet werden. Aber selbst wenn sie diesen Titulierungen glauben, können sie fortfahren zu spüren, daß etwas Kostbares falsch wahrgenommen wird, daß etwas Bedeutsames und *Wirkliches* in ihrer Erfahrung nicht gesehen wird. Das gilt für so viele Bereiche im Leben von Frauen. Es ist unter anderem auch der Grund dafür, daß wir eine neue Sprache schaffen müssen, wie Adrienne Rich vorschlägt,[62] um unsere Erfahrungen richtig zu benennen, und warum wir riskieren müssen, uns einander mehr und mehr zu enthüllen. Ich hielt einmal einen Kurs zum Thema »Erfahrungen von Frauen mit Macht« ab, in dem sich jede Frau (mich eingeschlossen) insgeheim vorher geschworen hatte, daß sie niemals ihre tatsächlichen Erfahrungen mit »positiver Macht« preisgeben würde. Jede Frau hatte Angst, sie würde von den anderen als »verrückt« betrachtet werden und sich mit der schmerzlichen Erfahrung von Isolation und Unverständnis konfrontieren müssen, die wir so gut kennen. Als schließlich eine Frau mutig den Sprung zur Selbstdarstellung wagte und damit dem Rest von uns ermöglichte, ihr zu folgen, ent-

Abb.10: Aphrodite auf einer Gans, Böotien, klassische Periode (mit freundlicher Genehmigung des Louvre Museums, Copyright © Fotos R.M.N.)

Abb.11: Isis stillt Horus, Ägypten, 12. Dynastie (mit freundlicher Genehmigung des Marburger Kunstarchivs)

Abb.12: Schlangengöttin, Griechenland, 6. Jahrhundert v.Chr. (mit freundlicher Genehmigung der Staatlichen Antikensammlung und Glyptothek, München, Inventarnr. 5289)

Abb.13: Gorgo, Korfu, 6. Jahrhundert v.Chr. (mit freundlicher Genehmigung des Kunstarchivs Scala)

Abb.14: Die Geiergöttin Nekhbet, Ägypten, 18. Dynastie (mit freundlicher Genehmigung des Metropolitan Museum of Art)

Abb.15: Die Göttin Sekhmet, Ägypten, Karnak Imperium (mit freundlicher Genehmigung des Metropolitan Museum of Art, Stiftung von Henry Walters, 1915 [15.8.3.])

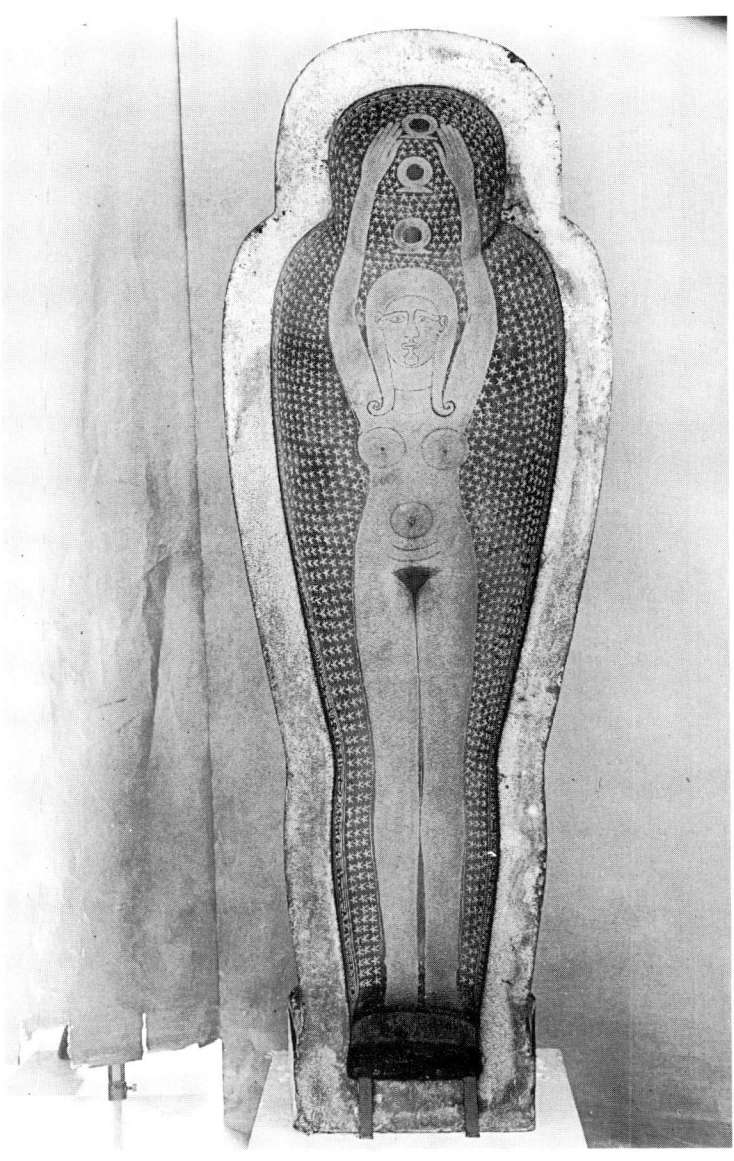

Abb.16: Die Himmelsgöttin Nut auf der Innenseite des Deckels eines Sarkophags, Ägypten (mit frdl. Genehmigung des Marburger Kunstarchivs)

127

Abb.17: Die Göttin Kali, Indien, zeitgenössisches Bild eines (oder mehrerer) unbekannten/r Künstler(s). (Aus der Sammlung der Autorin. Copyright Foto © 1989 Rachele Carlson)

128

deckten wir eine unglaubliche Übereinstimmung unserer Erfahrungen. Fast jede von uns hatte intensive Augenblicke erlebt, in denen sie zum »Kanal« für eine Macht geworden war, die größer war als sie, aber keine von uns wußte, wie sie diese Erfahrungen benennen sollte, noch hatten wir uns vorstellen können, daß andere Frauen ähnliches erlebten.

Es gibt noch auf weiteren Gebieten transpersonale Erfahrungen im Leben von Frauen, die schwer zu benennen sind und oft nicht mitgeteilt werden. In der Schwangerschaft und bei der Geburt zum Beispiel werden einige Frauen von einem dramatischen Geschehen um Leben und Tod erfaßt, das ihr altes Ich-Gefühl, »die Kontrolle zu haben«, total zerstört und sie in etwas einweiht, das weit über die Erfahrung hinausreicht, mit einem neuen kleinen Kind zurechtkommen zu müssen. Sie können sich der Mutter als Schöpferin und Zerstörerin Auge in Auge gegenübersehen, die sich in irrationalem Schrecken, in Visionen oder Träumen manifestiert.[63] Doch die Gesellschaft reicht ihnen kaum die Hand, um sie durch diese Initiation in tiefere Schichten ihres Selbst und die transpersonale Dimension des doppelgesichtigen Weiblichen zu leiten. Bei diesen übermenschlichen Erfahrungen kann das Wissen um die Göttin und ihre Kräfte eine große Hilfe sein.

Die Göttin weiterzuträumen, indem wir offen dafür sind, neue Erfahrungen mit ihr zu machen und neuen Ausdrucksformen von ihr zu begegnen, ist ebenfalls eine lebenswichtige Aufgabe für unsere Zeit. Auf diese Weise nehmen wir teil an der Erschaffung neuer Mythen und eines neuen Sinns. Dafür müssen wir vielleicht auch aus dem Sinn und dem Glauben der Vergangenheit schöpfen und diese für die Gegenwart auf einer anderen Ebene neu erschaffen, so daß sie sprachlich und von ihrem Verständnis her für unsere eigene Zeit relevanter sind. Wir wissen zum Beispiel, daß Menstruationsblut nicht tatsächlich gerinnt, um ein Baby zu schaffen; die Umstände der Empfängnis sind uns wohlbekannt. Wir wissen auch, daß wir den Menstruationsfluß nicht tatsächlich kontrollieren und nicht die Fähigkeit haben, ihn willentlich fließen zu lassen oder zurückzuhalten. Vielleicht erinnern einige von uns sich daran, noch weitere Mythen über menstruelle Macht gehört zu haben. Uns kommt vielleicht der alte Glaube in den Sinn, daß Menstruationsblut mit Erde vermischt ein Feld fruchtbar machen kann. Oder wir erinnern uns an die Grundlage zahlreicher Menstruationstabus: der Glaube, daß der Blick in das Gesicht einer menstruierenden Frau das Risiko bedeutete, gelähmt oder getötet zu werden, und daß deswegen die Frauen in ihrer magischen Zeit aus der Gemeinschaft weggeschickt werden mußten, um keinen Schaden anzurichten.[64] Wir wissen, daß unser Blut nicht die Fähigkeit hat, zu düngen oder zu töten. Deswegen sind die Mythen um die Macht von Blut und der Erschaffung aus Blut für uns nicht im tatsächlichen Sinne wahr.

Aber wenn wir uns die Mythen über die Kräfte des Menstruationsblutes symbolisch und psychologisch anschauen, statt sie wortwörtlich zu nehmen, gelangen wir zu einigen radikalen Vorstellungen über weibliche Kreativität und können der Antwort auf die ewig alte Frage, »Warum gibt es nicht mehr kreative Frauen?«, eine neue Dimension hinzufügen. Wenn wir die Blutmacht symbolisch betrachten, können wir sagen: Es ist Macht in dem, was aus uns herausfließt. Was periodisch als Ausdruck unserer weiblichen Natur aus uns herausfließt, hat die Macht, fruchtbar zu machen, das Leben um uns herum zu fördern oder erstarren zu lassen und zu töten. Das spiegelt die Natur selbst wider, die das Leben ebenso hervorbringt und unterstützt wie sie es tötet. Wir können das als ursprüngliche weibliche Macht bezeichnen. Psychologisch und symbolisch betrachtet, kann unser magischer »Fluß« ein Fluß von Worten, Gefühlen, Leidenschaften, Urteilen oder Sexualität sein. Aber in unserer Kultur wird von unserem Fluß nur eine Art von Umsetzung erwartet: mit Nachdruck wird betont, daß Frauen andere zu fördern haben; uns wird beigebracht, daß unser Fluß lediglich zur Unterstützung und Düngung des Lebens genutzt werden soll. Und wir werden bestraft und eingeschüchtert, wenn wir unsere Macht dazu nutzen, andere einzuschränken oder von etwas abzuhalten, sie »in ihre Schranken zu verweisen«.

Die alten Mythen behaupten auch, daß wir die Macht haben, *selbständig* neues Leben zu erschaffen, wenn wir beschließen, unseren Fluß anzuhalten, zurückzuhalten und zu sammeln. In psychologischen Begriffen ist das das Bild einer tiefen, willentlichen Wende nach innen und einer Schöpfung, die nicht von der Verbindung zu einem Mann abhängig ist. Die radikale Seite daran ist die Behauptung des Mythos, das Zurückhalten, die Weigerung zu fließen, das Behalten unserer Magie für uns sei die Quelle oder eine Quelle für weibliche Kreativität. Die Weigerung, auszufließen, *schafft neues Leben.*

Das ist in unserer Gesellschaft ein großes Tabu. In einer patriarchalischen Gesellschaft wird von Frauen erwartet, daß sie ständig ausfließen, um andere zu nähren, zu unterstützen und ihre Magie in deren Dienst zu stellen, vor allem in den von Kindern und Männern. Andere sind von diesem Fluß so abhängig, als wäre er Lebensblut, und trotzdem wird auch er abgewertet, seine Macht mißbilligt. Von einer Frau, die ihr Leben damit verbringt, einem Mann, einem Haushalt und Kindern zu dienen, wird gesagt, sie sei »nur eine Hausfrau«.

Viele Frauen spüren das Tabu, etwas von ihrem Fluß für sich zu behalten oder sich zu weigern zu fließen (das Recht in Anspruch zu nehmen, »einfach Nein zu sagen«). Dieses Tabu liegt der großen Sorge »selbstsüchtig zu sein« zugrunde, die viele Frauen in der Therapie äußern. »Habe ich das Recht, ohne meine Familie etwas für mich zu unternehmen?« »Habe ich das Recht, etwas für mich zu beanspruchen, wenn das heißt, daß andere etwas entbehren müssen?« Das Recht auf Zeit und Raum für sich, sich selbst statt immer nur andere zu nähren, ihre Fähigkeiten, Gaben und Vorlieben – ihre »Magie« – für »sich« zu nutzen, ist in unserer Gesellschaft bislang tabu gewesen. Für einige Frauen gilt es sogar als verboten und gefährlich, eigene Gedanken und Bilder zu entwickeln. Die bewußt gewählte Wende nach innen und das »Zurückhalten ihres Flusses« werden in unserer Kultur als »egoistisch« und »unnatürlich« betrachtet.

Aber die Mythen von der Macht des Blutes postulieren keine entweder/oder-Situation. Der Fluß verläuft periodisch; nicht ständig, sondern in annähernd regelmäßigen Abständen. Auch das Zurückhalten des Blutes, um neues Leben zu schaffen, geschieht nur periodisch, wenn es auch neun Monate lang dauert (interessanterweise brauchen Frauen oft genauso lange, um ihre Projekte abzuschließen). Nichts im Weiblichen ist statisch. Das »Sammeln« und die Wende nach innen sind keine endgültigen Schlußpunkte, sondern nur Teile eines Zyklus. Wenn wir unsere Magie lange genug in uns gehalten haben, solange »schwanger« damit waren, bis sie eine neue Form annimmt, fließt auch sie weiter. Was wir kreiert haben, fließt zurück in die Welt.

Die Mythen und Bilderwelten der Göttin schenken uns reiches Material, mit dem wir unser Leben symbolisch neu befruchten können. Als Göttin ist sie ein Spiegel für das weibliche Selbst und wendet sich an den Hunger jeder Frau, mit diesem Selbst Verbindung aufzunehmen. Wird sie als Mutter gesehen, kann sie uns zu zusätzlichen Pfaden führen, die uns Sinn schenken. Wenn wir sie als Große Mutter betrachten, kann uns das helfen, unsere leiblichen Mütter ins richtige Blickfeld zu rücken, unsere Sicht von »mütterlichen« Verhaltensweisen zu erweitern und unsere Vorstellung vom Genährtwerden dahingehend zu ergänzen, daß sie die verschiedensten Formen von Zuwendung von den unterschiedlichsten Frauen einschließt. Das kann auch für die Frauen eine große Beruhigung sein und ein tiefes Selbstverständnis zur Folge haben, die Mütter sind oder werden wollen, und die entdecken möchten, wie sie mit einem Archetyp umgehen und verstehen können, was es heißt, Trägerin eines Archetyps zu sein.

8 Die Große Mutter in der persönlichen Erfahrung

Die Große Mutter ist schrecklicher, mächtiger und von einer umfassenderen Güte als die »kleineren« Mütter, die uns großgezogen haben. Unsere Mütter sind vor allem menschliche Wesen, nicht so »großartig«, allumfassend oder mächtig wie die Mutter der Legenden, der Bildnisse, des Kultes aus alten Zeiten. Nichtsdestoweniger tragen unsere leiblichen Mütter Aspekte der Göttin in sich, und wenn wir diese Aspekte identifizieren, hilft uns das, die Erfahrungen zu verstehen, die wir bereits gemacht haben, positive wie auch negative. Es hilft uns auch dabei, daß wir anfangen zu begreifen, was wir noch brauchen, um uns einer ganzheitlichen Weiblichkeit anzunähern.

Erich Neumann unterscheidet in seinem Werk *Die Große Mutter* zwei Charaktere der Göttin: den Elementar- und den Wandlungscharakter. Jeder Charakter umfaßt Verhaltensweisen, Themen und bildliche Darstellungen, die die Natur der Göttin schildern, sich zum Teil aber auch ohne weiteres in unseren Erfahrungen mit unseren menschlichen Müttern finden lassen. Jeder dieser Charaktere hat zwei Seiten, eine gütige und eine schreckliche.[65] Die Untersuchung dieser beiden Aspekte der Göttin hilft uns, in unseren persönlichen Erfahrungen mit unseren Müttern die Momente zu identifizieren, die zugleich »Fenster« zur Großen Mutter sind. Wenn wir entdecken, wie die Göttin durch unsere Mütter in Erscheinung tritt, geben wir unserer persönlichen Erfahrung einen neuen Bezugsrahmen und eröffnen uns einen größeren Bedeutungszusammenhang.

In ihrem Elementaraspekt ist die Energie der Mutter grundsätzlich bewahrend. Sie behält alles aus ihr Geborene bei sich und ist nicht daran interessiert, die Unabhängigkeit oder Individualität ihres Kindes zu fördern, sondern will es an sich gebunden halten.[66]

Dieser Aspekt wird positiv ausgedrückt als mütterliches Bewahren, Schützen und Nähren. Die positive Elementarmutter ist ein guter »Behälter«, ein Unterschlupf bei Gefahr und Bedrohung, ein erhaltender Schoß, der das Kind mit Grenzen umgibt, während es heranwächst. Die Göttin als Gefäß, als Kuhmutter, die alles Leben mit ihrer Milch ernährt, als Schoß, aus dem sich das Korn ergießt, als fruchtbare Mutter Erde ist ebenso Ausdruck des positiven Elementarcharakters wie auch ihr symbolisches Verhältnis zu Höhle, Haus, Tempel und Wiege.[67] In diesem Aspekt ihrer selbst ist die Göttin die »Gute Mutter« in reinster Form, Ursprung, Schöpferin und Erhalterin des Lebens ihres Kindes. Ihre Beziehung zu ihrem Kind ist geprägt von Verbundenheit. Das Kind ist nicht nur durch Liebe und Abhängigkeit an die Mutter gebunden, sondern auch durch Identifikation mit dieser. Es ist vor allem der »Nachwuchs« seiner Mutter und auf zutiefst positive Weise »ihr Ebenbild«. Einige Skulpturen von Demeter und Kore zum Beispiel zeigen Mutter und Tochter als reife, voll entwickelte Frauen, die sich grundsätzlich nicht voneinander unterscheiden, außer durch die verschiedenen symbolischen Gegenstände, die sie in ihren Händen tragen. Diese Verbundenheit wird mythologisch ausgedrückt, wenn das Kind der Göttin einen Namen trägt, der hauptsächlich eine Abwandlung des ihren ist (ein Muster, das es auch bei Menschen gibt: der Name meiner eigenen Mutter ist eine Abwandlung des Namens meiner Großmutter, und eine Freundin von mir trägt einen Namen, der die »kleinere« Version des Namens ihrer Mutter bedeutet).

Die Göttin stimmt in ihrem positiven Elementaraspekt in weiten Teilen mit unserer kulturellen Vorstellung von der »guten Mutter« überein und ist uns als bewußte Erfahrung vielleicht am vertrautesten in Form der Mutter, die eine positive Bindung herstellt und deren Fürsorge, Nahrung und Zuwendung das Leben der Tochter als Kind ganz konkret erhält und für diese auch im Erwachsenenleben ein positiver psychischer Nährboden ist. »Nach Hause zur Mutter zurückkehren«, im tatsächlichen oder im psychischen Sinne, ist in diesem Zusammenhang eine positive Erfahrung, und die gute Mutter ist wirklich Trägerin der archetypischen Bedeutung von »Zuhause«: der Quellengrund, der Ursprung, der Ort, an den wir immer zurückkehren können, um ein Gefühl von Zugehörigkeit und den Trost von Zuflucht und Fürsorge zu erleben. Crystal Eastmans Erfahrung, daß ihre Mutter in einer vorübergehend entfremdeten Welt Ursprung und Zuflucht für sie ist, stellt ein gutes Beispiel dafür dar.

Die Betonung einer Verbindung durch Identifikation oder Ähnlichkeit, die diesen Aspekt der Göttin charakterisiert, zeigt sich auf der menschlichen Ebene darin, daß das kleine Mädchen die Kleider der Mutter anzieht, »Mutti« spielt oder ebenso wie ihre Geschäftsfrau-Mutter ihre »Aktentasche« packt. (Ich kann mich, voll Liebe und mit einem Schmunzeln, noch an die Zeit erinnern, als meine dreijährige Tochter beim Essen ihren Teller leer aß, zu mir herüberschaute und zufrieden ausrief: »Siehst du! Jetzt habe ich wie eine Frau gegessen!«) Diese Art von Verbindung wird auch von der erwachsenen Tochter ausgedrückt, die ihre Mutter wirklich bewundert und sich mit den Seiten in sich wohlfühlt, die »genauso wie Mutter« sind.

Einige Frauen haben die positive Seite des Elementarcharakters in ihrer Beziehung zu ihren Müttern nicht oder viel zu wenig erlebt. Für diese Frauen können spätere Erfahrungen dieser Seite mit anderen Frauen als Geliebten, Freundinnen, Ratgeberinnen, Therapeutinnen oder selbst mit Frauen in ihren Träumen außerordentlich heilsam sein und mit der ganzen Fülle eines Archetyps in ihr Leben treten. Als Therapeutin habe ich mit mehreren Frauen gearbeitet, die von ihren Müttern mißhandelt oder vernachlässigt worden sind und in keiner Form eine »positive Bindung« kennengelernt haben. Von diesen Frauen wurde die kleinste Freundlichkeit oder Anteilnahme von meiner Seite oder die selbstverständlichste Form von Fürsorglichkeit oft als eine enorme Heilung erlebt, wie eine außergewöhnliche »Nahrung«, die tief auf die Bedürfnisse des hungrigen und verwundeten Kindes einging. Diese Erfahrung einer numinosen, nährenden Mutter kann auch in Visionen oder Träumen gemacht werden. Eine Frau, deren Mutter außerordentlich distanziert und selbstgefällig war und die ihre Tochter sehr oft potentiell gefährlichen Situationen ausgesetzt hatte, kam in die Therapie und war entsetzt bei der Aussicht, mit ihrer oft chaotischen und turbulenten Kindheit ins reine kommen zu müssen. Immer wieder träumte sie zu

Beginn der Therapie von Krieg und drohender Vernichtung, oft in der Umgebung ihres Kindheitszuhauses. In einem dieser Träume versteckte sie sich mit ihrem Freund in einer Kammer, umzingelt vom Feind. Die Träumerin berichtet:

Die schlimmste Szene war die, als Bill und ich uns in einer Kammer befanden. Der Feind war im selben Gebäude, und dies war der einzige Platz, an dem wir uns verstecken konnten, und er war kein besonders gutes Versteck. Wir verbargen uns so gut wir konnten unter Kleidern und warteten. Eine Frau kam in die Kammer – sie sah uns, sagte aber nichts. Statt dessen versuchte sie, uns besser mit Kleidern zu bedecken, damit wir nicht gefunden würden. Sie gab auch jedem von uns etwas Zuckerwasser. Wir wußten, daß sie wahrscheinlich gefangengenommen worden war, und daß diese Zuckerlösung die einzige Nahrung war, die sie erhalten hatte und jetzt mit uns teilte. Wir wußten, daß man sie töten würde, wenn sie uns fänden, weil sie ihnen nicht verraten hatte, wo wir waren. Keiner von uns sagte ein Wort, wir schauten uns nur gegenseitig an, aber Bill und ich verspürten dieser Frau gegenüber eine große Dankbarkeit und waren tief berührt von ihrer Hilfe.

Die Frau im Traum trägt auf den ersten Blick nicht die Kennzeichen der Göttin; statt dessen scheint sie selbst ein Opfer zu sein, so nimmt die Träumerin jedenfalls an. Aber ihre Wirkung auf das Bewußtsein der Träumerin ging über das hinaus, was diese bislang in ihrem Leben erfahren hatte, und war umwandelnd. Die Träumerin war zutiefst berührt von dieser Frau und erwachte mit einem Gefühl von Ehrfurcht. Es war für sie unvorstellbar, daß eine andere Frau ihr Leben riskierte, um sie zu beschützen und zu nähren. Sie hatte diese Form von Fürsorge oder Selbstaufopferung niemals erlebt. Die Frau im Traum schien eine Aura von Magie und Heilung auszustrahlen; noch Jahre später war die Träumerin gerührt bei der Erinnerung an dieses Bild von Fürsorge. Zu dem Zuckerwasser fiel ihr eine Zeit ein, als sie Schwesternhelferin gewesen war, und man sie bat, bei einer sterbenden alten Frau zu wachen und deren Lippen mit Glyzerin und Wasser zu befeuchten. Sie hatte gedacht, es ginge darum, der Frau etwas Nahrung zuzuführen. Sie glaubte auch gehört zu haben, daß Frühgeburten manchmal mit einer Zuckerlösung ernährt werden. Langsam dämmerte ihr, daß es ihr eigenes gefährdetes Leben war, das die Frau im Traum zu schützen und zu nähren versuchte, ein Leben, dem psychologisch gesehen die Überlebenskraft fast völlig genommen und das durch die schwere Störung der Mutter dazu getrieben worden war, sich zu verstecken. Zur Zeit des Traumes konnte die Träumerin von anderen Menschen, vor allem von Frauen, nicht wirklich Zuwendung annehmen. Sie verbarg sowohl ihre Bedürftigkeit als auch ihre Zartheit hinter einem Schild aus gespielter Tapferkeit und Unabhängigkeit. Allmählich lernte sie, zunächst ihrer Therapeutin und dann auch anderen Frauen zu vertrauen und genau die mütterlichen Qualitäten anzunehmen, die ihre leibliche Mutter nicht gehabt hatte: den Schutz und die nährende Zuwendung der positiven Elementarmutter, die sie das erste Mal in ihrem Traum erlebt hatte.

Die bewahrende und »haltende« Natur des Elementaraspektes der Mutter sind nicht immer nur positiv. Dieser Aspekt wird auch in negativer Form ausgedrückt und erlebt und zwar so, daß das »Festhalten« an ihr zur Fixierung wird, zum Zurückhalten, zur Weigerung, Trennung zuzulassen, und zu besitzergreifendem Verhalten. Das »Gefäß« wird, in diesem Licht betrachtet, zum Gefängnis. In ihrer extremsten Form nimmt die negative Elementarmutter weg, was sie geboren hat, und absorbiert oder verschlingt es. Die Göttin als Kinderfresserin, als versteinernde Gorgo, als Löwe oder Geier, als die hungrige Erde, die mit Leichnamen gefüttert werden muß, drückt den negativen Elementarcharakter aus. Zu den Symbolen, die mit diesem Aspekt verbunden werden, gehören die Unterwelt, verschlingende Tiere, der Sarg oder das Grab als »Gefäß« und das Bildnis der Vagina Dentata [der mit Zähnen bewaffnete weibliche Schoß, Anm.d.Ü.].[68]

In menschlicher Form wird dieser Aspekt der Göttin in der Mutter erfahren, die ihre Tochter an sich bindet und weder zulassen kann, daß diese anders ist als sie, noch sie in ihrem Wunsch nach Autonomie unterstützt. Er äußert sich auch in der Mutter, die psychisch mit ihrer Tochter verschmilzt und die Persönlichkeit der Tochter sowie deren Leistungen lediglich in Hinsicht darauf betrachtet, was sie über sie, die Mutter, aussagt. Ein Element der Matrophobie, die hier aus einer archetypischen statt aus einer persönlichen oder kulturellen Perspektive betrachtet wird, ist die Angst davor, von der Mutter absorbiert zu werden, sich in ihr aufzulösen oder »genauso wie sie« und nicht länger ein getrenntes eigenständiges Individuum zu sein. Die negative Elementarmutter ist das archetypische Bild, das hinter vielen Ängsten steht, die Frauen in bezug auf ihre leiblichen Mütter oder andere Frauen haben, Ängste wie die, verschlungen, überwältigt, vereinnahmt, festgelegt oder in eine Art regressive Bindung gezogen zu werden. Wenn diese Ängste irrationale Ausmaße annehmen und dabei die tatsächlichen menschlichen Kräfte der gefürchteten Frau bei weitem überschätzt werden, ist dieser Aspekt der Göttin in der Psyche aktiviert worden.

Für ein heranwachsendes Kind oder eine erwachsene Frau ist es eine lustvolle und beruhigende Erfahrung, sich auf der menschlichen Ebene als Wesen nach dem Ebenbild der positiven Elementarmutter zu erfahren. Erleben wir auf der Ebene der Göttin, »genauso zu sein, wie *SIE*«, vermittelt uns das ein tiefes Gefühl vom Sinn und Wert des eigenen Lebens und der eigenen Weiblichkeit und kann sogar mystische Formen annehmen. So konnte eine Frau, die in der Therapie entdeckte, daß ihr tiefstes und innerstes Selbst trotz einer Kindheit mit schwerer emotionaler Mißhandlung durch ihre Familie unbeschädigt überlebt hatte, sich vorstellen, wie sie von der Göttin geliebt und beschützt worden war. Als sie das Gefühl bekam, daß ihr tieferes Selbst ein Spiegel für ihre Prägung durch die Göttin war, glaubte sie, daß ihre persönliche spirituelle Suche darin bestehe, herauszufinden, wie sie diese Wirkung umfassender und sichtbarer leben, wie sie aus diesem von der Göttin gegebenen Selbst schöpfen und den Mut gewinnen konnte, es zu verkörpern.

Für die Tochter, die mit dem negativen Elementaraspekt der Mutter konfrontiert ist, ist die Botschaft, »Du bist mein Ebenbild«, sowohl schädlich als auch beängstigend. Auf der persönlichen Ebene – mit ihrer Mutter oder anderen Frauen – erlebt sie diese Botschaft als gefährlichen »Klebstoff« oder eine Zerstörung ihrer Individualität, gegen die sie kämpfen oder die sie verneinen muß. Auf der archetypischen Ebene können solche Erfahrungen wahrhaft schreckliche Ausmaße annehmen wie zum Beispiel in Alpträumen mit verschlingenden weiblichen Gestalten oder Todesängsten. Es ist, als versuch-

138

te das Universum selbst, ihr persönliches Sein zu verschlingen oder zu vernichten. »Mütterlichkeit« ist in diesem Zusammenhang etwas Erschreckendes und verbunden mit der Auflösung des Selbst.

Neumanns Entwurf des zweiten Hauptcharakters der Göttin wird von dem folgenden zeitgenössischen Lied knapp und treffend erfaßt: »Sie wandelt alles durch Berührung und /Alles wandelt sich mit ihr«.[69] In ihrem Wandlungsaspekt fördert die Große Mutter Entwicklungen, legt Wert auf Unabhängigkeit und regt ihr Kind und das Universum, das sie regiert, zur Umwandlung an.[70] In dieser Dimension sind Prozeß und Wandlung alles und verdrängen die Wichtigkeit von Bindung und Gleichheit, an denen die Elementarmutter festhält. Das stabilisierende und bewahrende Moment der Elementarmutter wird ausgeglichen durch das »ständige Werden«, das aus der inneren Natur der Wandlungsmutter hervorgeht.

Auch das kann positiv oder negativ sein. In ihrer positiven Form fördert die Wandlungsmutter Wachstum, indem sie ihre Kinder zu Selbständigkeit anleitet oder herausfordert und anregt. Sie ist es, die inspiriert und entzückt und sowohl Veränderungen des Bewußtseins als auch körperliches Wohlbefinden bewirkt. Am vertrautesten ist sie uns vielleicht als die gute Fee in Kindermärchen, die durch ihr Erscheinen die Erfüllung von Wünschen und das Eintreffen von innig ersehnten Verwandlungen voraussagt. Aber sie ist auch die Göttin als Muse, die Herrin des magischen Kessels, Mondgöttin, Herrin der Pflanzen und Tiere, Ärztin und Heilerin, Initiatorin in das Mysterium. Auch sie bringt Nahrung, aber hier liegt die Betonung auf der Wandlung der Formen, die durch ihre Nahrung bewirkt wird, und ihre Speisen sind oft magisch oder übernatürlich.[71] Sie geht auch in anderen Bereichen noch weiter als die Elementarmutter und lehrt ihre Kinder Dinge, mit deren Hilfe sie auch über ihre unmittelbaren Geschenke hinaus existieren können. So wurde der Göttin Demeter, der Überbringerin des Kornes, nachgesagt, daß sie der Menschheit die Kunst der Landwirtschaft beigebracht und damit Menschen in die Lage versetzt habe, ihre passive Abhängigkeit von den Gaben der Mutter Natur zu überwinden und selbst zu pflanzen und sich zu versorgen.

In menschlicher Form sehen wir das in der Mutter, die ein positives Band zu ihrer Tochter herstellen kann, diese aber auch in ihrer Autonomie unterstützt und fördert. Die positive Wandlungsgöttin erscheint in den umfassenden Bemühungen ihrer weiblichen Entsprechung, ihrer Tochter Fähigkeiten beizubringen und ein Wissen zu vermitteln, die ihrem Kind helfen, sich über sie hinaus zu einer kompetenten und eigenständigen Erwachsenen zu entwickeln.[72] Das häusliche Leben vieler Frauen beruht auf dem, was ihre Mütter ihnen beigebracht haben. Backen, kochen, nähen, gärtnern (alles grundlegend umwandelnde Aktivitäten), Haushaltsfinanzen und -führung, Kinderbetreuung, die Vermittlung von Beziehungen innerhalb und außerhalb der Familie – all diese traditionell »weiblichen Künste«, die als richtige »Arbeit« zu sehen unsere Kultur sich absurderweise weigert, sind sehr oft von der Mutter an die Tochter weitergegeben worden. Und damit einhergehend auch die psychologische Entwicklung, die solche Fähigkeiten erfordern: Ordnung halten und schaffen, die Fähigkeit, mehrere Aufgaben gleichzeitig zu bewältigen, die Selbstdisziplin, die eigenen Bedürfnisse und Impulse für das Wohl des Ganzen zu sublimieren, und das mitfühlende Verständnis für die Bedürfnisse und Fähigkeiten mehrerer Menschen gleichzeitig – jede dieser Fähigkeiten beruht auf einem anderen psychologischen Entwicklungsstadium. In unserer Zeit stellt die Mutter zunehmend auch die Verbindung zur Welt außerhalb des Zuhauses her. So kann sie die intellektuellen Interessen ihrer Tochter aktiv unterstützen, ihr beibringen, sich selbst zu behaupten, soziale Kontakte zu knüpfen und ihr noch andere Fähigkeiten zeigen, die wesentlich dafür sind, daß sie sich in der Außenwelt wohlfühlt. Und der Kern ihres positiv wandelnden Geistes kann sein, daß sie ihre Tochter ermutigt, über die Mutter hinauszuwachsen, Wünsche zu verfolgen, die die Mutter nicht teilt, und Risiken einzugehen, die über das hinausgehen, was die Mutter in ihrem eigenen Leben wagen konnte. Durch die Unterstützung ihrer Mutter kann die Tochter sich zu größeren Leistungen und persönlicher Ausdehnung ihres individuellen Selbst inspiriert fühlen, und zwar ohne daß damit irgendein »Haken« verbunden wäre. Diesen Aspekt der Mutter erfahren wir auch in anderen Beziehungen zu Frauen, die uns als Ratgeberinnen, Vorbilder, Lehrerinnen, Heilerinnen und spirituelle Führerinnen dienen.

Die negativ wandelnde Mutter fördert ebenfalls Wachstum und Unabhängigkeit, bewirkt diese aber durch negative Mittel: Zurückweisung, Entzug, Angriff oder Verlassen. Solche Erfahrungen können – abgesehen von den Verletzungen und dem Schaden, die sie anrichten mögen – für die, die ihnen ausgesetzt sind, eine Herausforderung darstellen und sie zu neuen Entwicklungen anregen. Auf der Ebene der Göttin wird das häufig in Form ihres Rückzugs aus dem Land der Lebenden (oft, um in die Unterwelt hinabzusteigen)[73] geschildert. Oder sie taucht in ihrer Erscheinung als Überbringerin von Plagen und Krankheiten oder als Todesgöttin auf, die die Eingeweihte raubt, tötet und zerstückelt, um sie zu zwingen, sich die »andere Seite« bewußt zu machen.[74] Vertrauter für uns ist die böse Stiefmutter im Märchen, die die gute Tochter schikaniert und sie von ihrem Zuhause und ihrer Familie weit weg an einen Ort schickt, wo sie auf sich selbst gestellt leben muß.

Dieser Aspekt der Mutter lehrt uns, daß negative Erfahrungen auch positives Wachstum hervorrufen können. Eine Krankheit kann den Körper zwingen, lebenswichtige und notwendige Abwehrstoffe zu produzieren, die oft sogar zu einer Immunisierung gegen weitere Erkrankungen führen. Also erscheint die Göttin manchmal, um ihre Kinder mit Versuchungen und Drangsalen zu infizieren und sie damit gegen ihre eigenen Übel zu immunisieren, sie zu zwingen, über ihre passive Abhängigkeit von ihrer »guten Seite« hinauszuwachsen und statt dessen gegen sie zu kämpfen und ihr mutig entgegenzutreten. Auf diese Weise fordert sie das menschliche Ich heraus und stärkt es. Diese Mischung aus Positivem und Negativem in der Göttin ergibt eine Vorstellung vom Göttlichen, die sich radikal von dem Bildnis eines allgütigen Gottes unterscheidet, an das wir gewöhnt sind. Aber sie gibt unsere Erfahrung mit dem Leben exakt wieder und verleiht der Mischung an Eigenschaften, der wir in ihren menschlichen Entsprechungen begegnen, Tiefe und Sinn. Wir werden mit der negativen Wandlungsmutter durch die »verbannende« menschliche Mutter konfrontiert, die die vorzeitige Unabhängigkeit ihrer Tochter fördert, aber keine Abhängigkeitsbindung zulassen kann. Wir finden sie in der betrunkenen, verrückten oder mißhandelnden Mutter, die auf die Bedürfnisse ihrer Tochter nicht eingehen kann oder will, oder, milder ausgedrückt, in dem vorübergehenden Mangel an Fürsorglichkeit bei einer Mutter, die krank, total mit ihrem eigenen Leben beschäftigt oder auf andere Weise kurzfristig »abwesend« ist. Solche Erfahrungen werfen uns auf uns selbst zurück. Wir sind gezwungen, innere Kräfte oder den Mut zu entwikkeln, uns über die Erfahrungen mit unseren Müttern hinauszubewegen und außen nach Hilfe und Zuwendung zu suchen. Außerdem sind es oft diese Bereiche mütterlicher Entbehrung, die uns als Töchter zwingen, unsere besten Gaben und unser größtes Feingefühl zu entwickeln. Ich habe zum Beispiel mit mehreren Frauen gearbeitet, die von ihren Müttern niemals liebevoll berührt worden sind, und die später in ihrem Leben Körpertherapeutinnen wurden. In meinem eigenen Leben waren es ohne Zweifel die Psychose meiner Großmutter und ihre verheerenden Auswirkungen auf unsere Bindung, die meine Fähigkeit zu Mitgefühl und Anteilnahme für das Leiden anderer verstärkten und bestimmend für meine frühen Ambitionen waren, Psychotherapeutin zu werden. Hätte ich die Wahl, würde ich mich immer noch nicht dafür entscheiden, diese Erfahrung durchzumachen, das Entsetzen und das Verlassenheitsgefühl zu erleiden, das ich verspürte, oder zuschauen zu müssen, wie ein Mensch, den ich sehr liebte, bei lebendigem Leibe von einer unbehandelten Krankheit aufgezehrt wurde. Und trotzdem wurden durch diese Erfahrung mit meiner Großmutter viele der Eigenschaften und Qualitäten hervorgerufen, die ich heute als erwachsene Frau so schätze. Selbst der Tod der Mutter kann manchmal eine umwandelnde Wirkung auf ihre Tochter haben. Bei manchen Frauen führt er zur Beendigung einer fruchtlosen, negativen Abhängigkeit von der Zustimmung und Mißbilligung der Mutter und zwingt das Kind, sich schließlich doch noch woanders nach seiner Erfüllung umzusehen.[75]

Solchen traumatischen Erfahrungen einen Sinn abzugewinnen heißt nicht, Mißhandlung zu verzeihen oder Zerstörung und Leiden zu trivialisieren. Anders als die Göttin, die durch ihre Erscheinung die rauhe Natur mit ihrer Mischung aus Güte und Grausamkeit spiegelt,

142

gilt für uns menschliche Wesen ein moralischer Imperativ, der uns anweist zu versuchen, verantwortlich zu handeln und die Kräfte und ursprünglichen Impulse, die uns durchströmen, so konstruktiv wie möglich umzusetzen. Aber Trauma und Leiden geschehen nun einmal sowohl unter den Händen unserer Mütter und unserer Götter als auch in anderen Aspekten unseres Lebens. Wenn wir einen Bezugsrahmen finden, mit dessen Hilfe wir in solchen Erfahrungen einen Sinn sehen können, sind wir in der Lage, über eine bloße Verzweiflung hinauszugehen, die uns dazu führen würde, das Leben aufzugeben. Es hilft uns auch, uns der Mischung aus Gut und Böse, die die meisten von uns immer wieder als Realität erleben, offener und empfänglicher zu stellen.

Als archetypisches Bild und spirituelle Realität verbreitet die Große Mutter in ihrer Fülle die Vierfaltigkeit ihrer Aspekte. In den am tiefsten und am weitesten entwickelten Darstellungen der Göttin existieren positive und negative Elementaraspekte in einer kreativ ausgleichenden Spannung zusammen mit den positiven und negativen Wandlungsaspekten. In der menschlichen Mutter jedoch werden diese Eigenschaften wahrscheinlich nur zum Teil und einseitig manifest und müssen von außen ausgeglichen werden. Der emotionale Druck des ungeheilten Kindes meint vor allem dieses Bedürfnis nach Ausgleich, denn meistens sucht das ungeheilte Kind in uns vor allem nach der Mutter, die es nicht hatte. Die Aufgabe, der wir uns gegenübersehen, ist eine doppelte. Einerseits müssen wir die Bedürfnisse des Kindes nach ausgleichenden Erfahrungen sehr ernst nehmen und sie als Basis für eine spirituelle Suche nach der Ganzheit der Großen Mutter und nach der eigenen Ganzheit erkennen. Aber dazu muß kommen, daß wir als Erwachsene begreifen, daß die Fülle der Großen Mutter die Fähigkeiten eines einzigen menschlichen Wesens überschreitet. Und so müssen wir unser inneres Kind auf eine sanfte Weise entwöhnen von seiner Fixierung auf seine leibliche Mutter und von seiner Forderung, daß diese für seine sämtlichen Bedürfnisse aufzukommen hat. Wir müssen diesem verwundeten Teil in uns beibringen, seine Heilung ebenso in der Beziehung zu anderen Frauen und einer inneren Erfahrung zu suchen wie bei der leiblichen Mutter. Andererseits müssen wir unserem verletzten Selbst auch helfen, Sinn in dem zu sehen, was wir bereits erlebt haben, und so tief in dessen Bedeutung vordringen, daß wir es ebenfalls als Teil der Wahrheit der Großen Mutter und als Beitrag zu unserem Wachstum anerkennen können.

Das Bedürfnis nach Ausgleich gilt nicht nur in eine Richtung. Das ungeheilte Kind in uns sucht gewöhnlich die positiven Erfahrungen, die es für seine negativen Erlebnisse entschädigen und diese mildern. Aber die Frau, deren Erfahrungen mit der Mutter zu großen Teilen positiv waren, braucht vielleicht auch einen Ausgleich, um weiter wachsen zu können. Viele Erwachsene, die von ihren Müttern sehr viel Zuwendung erhielten, agieren das instinktiv aus, indem sie diese plötzlich beschuldigen, sie würden versuchen, sie festzuhalten und ihr Leben zu bestimmen. Wenn die verblüffte Mutter gar nicht im Sinn hat, das Leben ihrer Tochter zu dirigieren, schafft das Auftauchen der negativen Elementarmutter als Bildnis, das die Tochter sich von ihr macht, an diesem Punkt die notwendige Reibung, mit deren Hilfe die Tochter sich von ihrer eigenen Abhängigkeit freimachen und sich von ihrer Mutter trennen kann. Wenn diese Trennung wirklich bewerkstelligt wurde, kann manchmal auch das positive Band wieder anerkannt werden und sich von seiner Kindheitsform in die gegenseitige Unterstützung zweier erwachsener Menschen verwandeln. Und so kann es auch sein, daß eine erwachsene Tochter, die als Kind niemals erlebte, daß sie im Stich gelassen wurde oder etwas zu entbehren hatte, diese Erfahrungen in ihrem späteren Leben machen muß, um zu entdecken, welcher Teil in ihr völlig auf sich selbst gestellt leben kann, wenn sie keine Zuwendung oder Unterstützung von außen erhält. Dieser Ausgleich von Kindheitserfahrungen kann durch andere Frauen oder durch Erscheinungen der Göttin in Visionen und Träumen zustande kommen.

Aber die Göttin erscheint nicht immer nur, um die Erfahrungen, die wir mit unseren Müttern gemacht haben, auszugleichen. Manchmal taucht sie auch auf, um diesen Erfahrungen neue Dimensionen und Tiefen zu verleihen, und bringt uns eine tiefere Wahrnehmung und Sinngebung bei, als unserem bewußten Denken bereits bekannt ist.

Amy, die matrophobische Tochter in zweiter Generation, der wir bereits im fünften Kapitel begegnet sind, kam Anfang Zwanzig in die Therapie und verachtete bewußt das Leben ihrer Mutter, die »zu Hause blieb und Kinder kriegte«. Für sie war am wichtigsten, daß sie ihre eigene Kreativität entwickelte und sie zur Basis für eine aufstrebende Karriere machte, aber das fiel ihr außerordentlich schwer. Sie konnte zwar immer einen Anfang machen, dann aber nicht durchhalten. Amy glaubte, sie müsse, um ein kreativer Mensch zu sein, entweder mit einem mächtigen Mann zusammen oder selbst wie ein Mann sein; daß sie eine Frau war, stellte ein beträchtliches Hindernis für ihre Ziele dar. Nach mehreren Monaten Therapie hatte sie den folgenden Traum:

Es ist allgemein bekannt, daß dies der Tag ist, an dem Christus kommen wird. Im Radio wird angekündigt, daß alle sich auf einem Hügel versammeln, um den Himmel zu beobachten. Ich verlasse das Haus und greife im Weggehen nach einem staubigen Buch im Bücherregal. Ich weiß nicht, warum ich das getan habe, aber ich nehme mir fest vor, in das Buch hineinzuschauen, weil ich weiß, daß das wichtig sein wird. Es ist eine spirituelle Erzählung, die ich einmal gelesen habe, und ich halte für einen Augenblick inne, um mich an die Botschaft dieses Buches zu erinnern – das SELBST. Ich höre, wie andere Menschen langsam zum Gipfel des Hügels aufsteigen. Wir warten alle zusammen unter den Sternen. Als ich Frauenstimmen höre, fällt mir auf, daß sich hier nur wir Frauen versammelt haben. Dann rauscht eine Welle von Energie vor und zurück durch die Menge, und ich höre Schreie – die Schreie von Frauen, die gebären, und die Schreie von Kindern, die geboren werden. Ich drehe mich in jede Richtung, und überall kommt eine weitere Frau dazu. Ich bin erstaunt. Unmittelbar bevor ich aufwache, wird mir klar, daß »es«die ganze Zeit, wo wir nach oben geschaut haben, mitten unter uns war. Daß Christus unter uns ist, und es etwas mit Kindern und darüber hinaus zu tun hat – mit der Wiedergeburt von Frauen.

Amy wachte aus diesem Traum voller Ehrfurcht auf. Sie wußte, daß es ein »starker« Traum war und war doch verblüfft über seine Bilderwelt. Babys zu haben bedeutete doch, »für immer die eigene Mitte zu verlieren«, »in eine Falle zu geraten«. Bewußt gesehen war der »Retter«, auf den sie wartete, der übermenschliche »spirituelle«

145

Mann, durch dessen Macht und Ansehen, so glaubte sie, sie ihre eigenen Ambitionen und kreativen Hoffnungen realisieren würde. Die Samen einer reichen Vorstellungskraft und der Drang, sie zum Wachsen zu bringen, lagen tief verborgen in ihr, aber sie suchte, wie der Traum nahelegt, »immer am falschen Ort« nach dem, was sie dazu befähigen würde. Immer wieder hatte sie ihren eigenen Wert ganz auf einen scheinbar kreativen und mächtigen Mann projiziert, nur um dann »leer« auszugehen und sich letzten Endes von ihm benutzt zu fühlen. Und oft war sie auch ausgenutzt worden, weil sie sich an äußerst narzißtische Männer gehängt hatte, die von ihr nichts weiter wollten, als daß sie ihnen Spiegel für ihre Großartigkeit sein sollte, wie Amys Idealisierung von ihnen und ihre Bereitschaft, sich in Gegenwart von Männern klein zu machen, sie ihnen auch boten. Aber für sich war Amy »nur eine Frau«, und Frauen hatten ihrer Meinung nach selbst keinen Wert und keine Macht.

Da sie dies glaubte, konnte sie mit ihren kreativen Ideen und Projekten immer nur erste Schritte machen und wartete dann passiv auf einen Mann, dem ihre Vorhaben auffielen und der ihre Entwicklung möglich machen würde. Ihr fehlte die Fähigkeit, ihre Träume voll zu verwirklichen und die Aktivität und Selbstbehauptung aufzubringen, um sie in die Welt zu schicken, wo sie die Hilfe und Unterstützung bekommen würden, die sie verdienten. Letzten Endes hielt Amy von sich als Frau so wenig, daß ihr Ich ihre kreativen Impulse nicht stützen konnte. Deswegen das Auftauchen des Selbst im Traum und sein Versuch, ihr Bewußtsein wachzurütteln und in eine andere Richtung zu lenken.

Die Qualitäten von weiblicher Kreativität, die Amys Mutter umsetzte, indem sie Babys bekam, waren genau das, was ihre Tochter auf einer anderen Ebene ihren kreativen Impulsen hinzufügen mußte. Symbolisch gesprochen sind Schwangerschaft und Geburt Bilder dafür, das wachsende innere Leben geduldig reifen zu lassen, es zu versorgen, bis sein inneres Wachstum abgeschlossen ist, und es dann in die Welt hinaus zu »gebären«, die schwere, anstrengende »Wehenarbeit« zu leisten, um es Wirklichkeit werden zu lassen und hervorzubringen.[76] Weit davon entfernt, die eigene Mitte zu verlieren, bedeutet Gebären in diesem Sinne zum Mittelpunkt aktiver, intensiver Bemühungen zu werden, um dem eigenen Innenleben eine äußere, konkrete Gestalt zu geben. Für Amy heißt das, daß sie bei ihren eigenen Ideen bleibt, statt sie dem Mann zu überlassen oder seine Kreativität zu pflegen; es bedeutet, daß sie hinter ihren Ideen steht, bis sie sie zum Abschluß bringt und lernt, sich genügend durchzusetzen, um auf ihre Arbeit aufmerksam zu machen und die Kontakte herzustellen, mit deren Hilfe sie publik gemacht werden kann.

Amys Traum legt auch nahe, daß das für Frauen ein kollektives Thema und ein kollektiver Prozeß ist, auch wenn dieser letzten Endes von jeder Frau individuell geleistet wird. Amy war erstaunt, als sie entdeckte, daß andere Frauen die gleichen Themen beschäftigen wie sie. Noch erstaunter war sie, als sie wach wurde für die Interessen und Anliegen der Frauenbewegung und Freundinnen fand, die sie unterstützten und ihr halfen zu lernen, effektiv Kontakte zu knüpfen, damit ihr Werk bekannt wurde. Sie hatte die Frau, die ihrer Meinung nach Lebendigkeit und Macht vom Mann gewann, bislang hauptsächlich als »Adams Rippe« gesehen.

Das Verblüffende an dem Traum ist, daß er genau das darstellt, was Amy ihrer Mutter am meisten verübelt, und es in eine transpersonale Form überführt. Indem er auf diese Weise über das konkrete Denken über das Weibliche hinausgeht und dieses »re-mythologisiert«, bringt er eine andere Bedeutungsebene zum Vorschein. Was auf der biologischen Ebene zum konkreten Ereignis, ein Kind zu bekommen, wird, kann auf einer spirituellen Ebene auch realisiert werden, indem wir das innere Kind der eigenen Vorstellungen und Träume »herausbringen«. Beides kann ein sehr sinnvoller Prozeß sein. Und beides ist als Möglichkeit in einem umfassenderen, transpersonalen Sinn im Schoß, der Leben gebärt, enthalten.

Amys Traum ist keine »Weiterführung« ihrer Muttererfahrung durch das Einbringen kompensatorischer Bilder. Statt dessen überträgt er das bereits bekannte Bild auf eine andere Bedeutungsebene. Eine weitere Überführung der persönlichen Muttererfahrung auf die Ebene der Göttin und zu einer neuen Bedeutung tauchte in einem Traum von Rosa auf, einer Frau in mittleren Jahren, die nach Beendigung einer dreißigjährigen Ehe in die Therapie kam:

Wir (alles Frauen) sind dabei, eine Modenschau vorzubereiten. Jede Frau hat ein Modell zusammengestellt. Und es wird ein Stück darüber geben. Wir rufen das Stück ins Leben, indem wir während der Probeaufführung improvisieren. Es gelingt mir, meine Sachen für meine Rolle in dem Stück so zusammenzustellen, daß sie mit dem Konzept übereinstimmen, sich in die Arbeit der anderen einfügen und das Stück bereichern. Und mir wird mitgeteilt, daß ich als einzige eine Eins für meine Forschungsarbeit bekommen habe (Forschungen für ein anderes Projekt als das Stück). Meine Noten belaufen sich auf vier Einsen und eine Zwei plus, und ich finde das ziemlich unglaublich. Plötzlich ist der Abend der Vorstellung herangekommen, und ich habe meine Notizen für den Dialog immer noch nicht aufgeschrieben. Ich habe zu viele Requisiten, und das Bühnenbild ist mir unbekannt. Ich kann mich nicht an Einzelheiten bei der Probe erinnern (die wahrscheinlich noch einmal wiederholt werden muß). Wenige Minuten vor der Aufführung geht es im Umkleideraum hoch her. Ich bin ganz zerstreut. Ich versuche ständig, mich an die Probe zu erinnern. Ein oder zwei Mitglieder des Ensembles sind noch gar nicht aufgetaucht.

Jetzt trifft meine Mutter im Umkleideraum ein, in schwarz gekleidet und mit einer Kette aus schwarzen und weißen primitiven Steinen, die unförmig und blank poliert um ihren Hals liegen. Sie ist »todschick« geschminkt und angezogen und trägt einen glänzend schwarzen Vogelflügel (Krähe oder Amsel) wie einen Hut auf dem Kopf. Sie sagt, sie habe ein Geschenk für mich. Ich spüre, wie eine Woge von Zorn und Groll darüber in mir hochsteigt, daß sie hierherkommt, und ich zögere, auf sie zuzugehen. Das Geschenk besteht aus einem süßen, feuchten Parfüm, das sie in einer Wolke im ganzen Umkleideraum versprüht. Ich bitte sie zu gehen. Das tut sie auch. Aber ich spüre, daß ihr Auftreten dem ganzen Unternehmen den Schwung genommen hat. Ich habe das leise Gefühl einer Bedrohung. Jetzt mache ich mir noch mehr Sorgen um die Vorstellung. Die Beleuchtung, die Bühne – alles scheint zu verschwimmen. Ich halte zu viele Requisiten für die Modellszene in meiner Hand und kann offensichtlich keines davon aufgeben. Ich kritzele schnell die Notizen für den Dialog hin und versäume beinah mein Stichwort. Jemand sagt mir, ich solle durch den Haupteingang statt vom Seiteneingang kommen. Ich tue das, ohne zu fragen warum. Die Bühne ist zu klein. Das Licht blendet. Ich habe das Gefühl, daß alles von mir abhängt, aber ich bin gar nicht »dabei«. Wie durch einen Nebel von Besorgnis und Verwirrung komme ich mit meiner Rede ein bißchen zu früh heraus – oder zu spät. Jemand versucht, für mich einzuspringen, mir Stichworte zu geben. Ich kann nicht hören. Um mich wieder zu sammeln, beginne ich mit der Modellszene. Ich gehe mit einem versteinerten Lächeln auf die Rampenlichter zu. Bei der Schutzleiste drehe ich um und verliere fast das Gleichgewicht.

Nach der Vorstellung gibt es in einem luxuriösen Vorstadthaus eine Party für alle Frauen, die am Stück mitgewirkt haben. Wir werden von der modischen Hostess in verschiedenen Stockwerken des Hauses untergebracht. In dem kleinen Schlafzimmer, in das ich geführt werde, entschuldige ich mich dafür, die Szene durch meine Fehler und meine Versuche, diese zu beheben, verdorben zu haben. Die vier oder fünf Frauen im Zimmer sind ebenfalls der Meinung, daß ich Mist gebaut habe. Ich hasse die Kleider, den Snobismus. Ich gehöre hier nicht her. Eine Gegend, in der bürgerliche Frauen wohnen – mattes, weiches Licht, teure Möbel, Dutzende von Zimmern, Boudoirs. Ich fühle mich fehl am Platze und verabscheue die ganze bedrückende Umgebung wirklich.

Die Metaphern »auf der Bühne stehen« und »auftreten« waren dieser Frau bewußt geläufig. Sie hatte von ihrem früheren Leben oft gesagt, es sei einfach eine »Aufführung« gewesen, voll künstlicher, materialistischer Werte und dem überwältigenden Bedürfnis zu gefallen. Sie beschrieb eine Modenschau als »etwas für die äußere Erscheinung tun, eine Investition für das Ego; man spielt, um die öffentliche Anerkennung zu gewinnen«. Dies und auch die »guten Noten« haben mit ihrer früheren Art und Weise zu funktionieren zu tun. Damals war ihre größte Sorge gewesen, sicherzugehen, daß sie auch »gut aussah«, ganz gleich wie sie sich fühlte, und sie wurde von allen anerkannt, auch von ihrem Mann und dessen Freunden. Der Traum tauchte in einer Phase auf, als sie stark in Versuchung war, in diese Persona und deren Werte zurückzufallen. Die beträchtliche und mutige Arbeit aber, die sie in der Therapie geleistet hatte, um authentischer zu werden, wurde von dem Traum widergespiegelt; sie konnte die Vorstellung einfach nicht mehr durchziehen. Sie war überrascht, daß ihre Mutter, deren Erziehung sie als sehr negativ erlebt hatte, das »Zunichtemachen« ihrer Persona fördert. Im Traum leistet sie gegen diese Auflösung zwar Widerstand, wünschte sie sich aber ansonsten sehr und arbeitete bewußt darauf hin. Rosa erlebte ihre Mutter als eine dominante, lieblose und aggressive Frau. In dem Traum erscheint sie als Göttin verkleidet und steht auf der Seite des Ich-Aspektes der Tochter, der bewußt nach Transformation strebt. Sie ist »todschick« zurechtgemacht und nimmt der Show tatsächlich das Leben. Die Halskette, die sie trägt, symbolisiert Kali, denn als Rosa versuchte, sich das Bild noch deutlicher auszumalen, erschien sie als Halskette aus Zähnen, oder es baumelte auch ein kleines menschliches Wesen daran. Der Krähen- oder Amselflügel, den sie als Hut trug, hatte sowohl eine ganz persönliche Bedeutung für die Träumerin als auch eine verblüffende archetypische Symbolik. Rosa kam dazu ein Bild ins Gedächtnis, das sie mit Anfang Zwanzig immer wieder gesehen hatte, als sie das Gefühl hatte, einen Nervenzusammenbruch zu erleiden. Sie hatte sich damals voll mörderischer Wut auf ihre Mutter gefühlt und jede Nacht erlebt, daß ein dunkler Flügel wie der einer Krähe kurz vor dem Schlafengehen von oben auf sie zukam, was ihr Entsetzen einjagte. Auf der transpersonalen Ebene steht die Krähe auch für Tod und Zerstörung; sie ist der schwarzen weisen Alten heilig, die manchmal in ihrer Gestalt erscheint.[77]

In dem Traum trägt Rosas Mutter den Hut mörderischer Wut und Aggressivität. Sie bringt als ihr »Geschenk« den Tod. Mit ihrem verwandelnden Parfüm entzieht sie der falschen Persona der Tochter das Leben und macht es dieser unmöglich, zu der früheren Anpassung zurückzukehren. Auf diese Weise »tötet« die negative Wandlungsmutter zum Wohle des neuen Lebens und unterstützt das sich entwickelnde Ich. Auf der transpersonalen Ebene legt dies nahe, daß die Todesgöttin manchmal als der Aspekt des Selbst agiert, der sich aggressiv gegen ein unaufrichtiges Leben wendet und aktiv zerstören wird, was das Ich fälschlicherweise als seine Lebensweise in der Welt angenommen hat. Auf der persönlichen Ebene legt der Traum Rosa nahe, daß die Eigenschaften, die sie mit ihrer Mutter verbindet, bei ihrer Suche, ihr Leben auf einer ehrlicheren Basis zu leben, neu gesehen und neu eingeschätzt werden können. Die Aggressivität, Dominanz und Vernachlässigung, die sie ihrer Mutter verübelt, können auch von ihr benutzt werden, um für sich selbst zu stehen und dem Sog in alte Haltungen, die ihrem Leben niemals wirklich gedient haben und die nicht länger notwendig sind, standzuhalten. In nachfolgenden Träumen erschien die Kali-ähnliche

Frau weiterhin als »Helferin«, die Rosa Möglichkeiten zeigte, für sich selbst den Wert in Anspruch zu nehmen, den sie so oft auf andere projiziert hatte, und sich ohne Bedenken von den inneren und äußeren Kritikern zu befreien, denen zu gefallen sie sich früher so bemüht hatte. Angespornt von dieser Energie der unbarmherzigen Dunklen Göttin, begann Rosa schließlich ihr Leben selbst zu regieren, wieder für sich in Anspruch zu nehmen, was zu ihr gehörte, und sich von dem zu befreien, was nicht ihres war. Im Hintergrund stand die negative Wandlungsgöttin, die ihre Energie für das Ich gab, das jetzt das Selbst stützte.

Wenn wir in unseren persönlichen Erfahrungen mit unseren Müttern die Dimension der Göttin sehen können, verleiht das unserem Leben neuen Sinn und neue Kraft, wie es bei Amy und Rosa der Fall war. Aber auch ohne unser Wissen erscheint sie als Hintergrund der Mutter-Tochter-Beziehung wie in dem folgenden Gedicht:

Drei Generationen

Drei Frau speisen in einem kühlen, rosafarbenen Raum
und spiegeln sich in einem tiefgefurchten Tisch aus
    blankpoliertem Holz,
einst von einer gepflegten, unberührbaren Schönheit,
    jetzt stumpf und benutzt.
Obstflecken und Spritzer bleiben unbeachtet.
Es macht nichts, wenn vom Fleisch das Blut tropft.
Sie essen mit der Ungezwungenheit alter Freundinnen.
Es kümmert sie nicht, wenn ein Getränk verschüttet wird,
und sie sehen darüber hinweg, wenn das Messer ausrutscht.

Die alte Frau regiert still den langen, durchfurchten Tisch.
Sie ist uralt wie die Luft, die den
Dingen Leben einhauchte und die Worte »erschaffe uns« sprach.

Ihr Teller ist sauber
bis auf Messer und Gabel, die feierlich zurechtgelegt sind.
In einer Schale ruhen reife, süß gärende Pflaumen,
unberührt von ihren gefalteten Händen.

Sie ist satt und zufrieden, ihr Mahl vor den anderen
    beendet zu haben.
Sie wartet darauf, vom Tisch aufzustehen, die übliche
    Geste der Höflichkeit für die, die noch nicht fertig sind.

Die Junge sitzt der Alten gegenüber, und ihr Finger
folgt einer Furche in der Platte des langen durchfurchten Tisches.
Sie reist mit dem Finger bis hin zu der Schale mit süß
    gärenden Früchten.
Sie findet Gefallen an dem Geschmack und dem Fruchtfleisch.
Die geschmeidige feste Fruchthaut rutscht weg
    unter ihrem Griff und bis zur Mitte des Tisches,
wo sie eingefangen, zurückgerollt und geschlachtet wird.
Zufrieden
bleibt nur ein Kern auf ihrem Teller
und der Blutsaft der Frucht an ihren Händen.

Auf halbem Wege zwischen ihnen sitzt eine weitere Frau, und sie
starrt auf den runden feuchten Abdruck der gärenden Süße in der
Mitte des
    langen
durchfurchten Tisches.
Eine Zeugin für die Verbrechen von Diebstahl und Mord.
Nichts wird zwischen ihnen gesagt, nichts wird gehört.
Bald wird die alte Frau gehen.
Die jüngste wird zum Nachtisch bleiben, und die Frau in der
    Mitte
wird ein totes Mahl von den Tellern eines stillen Festes zusammen-
    kratzen und
in den Eßzimmerspiegel starren. Dort sieht sie, eingehüllt in ver-
    schleiertes
    Rosa,
        drei Frauen.
Die eine ist alt wie die Luft,
die eine ist jung,
und eine sitzt in der Mitte zwischen hier und dort,
erhängt von den stillen Fäden der Sehnsucht, beides zu sein.[78]

Als mir das Gedicht zum ersten Mal in die Hände kam, kannte ich die Dichterin nicht. Als ich Kontakt mit ihr aufnahm und sie nach den Bildern ihres Gedichtes fragte, erzählte sie mir, daß sie niemals von der Göttin gehörte habe und nichts von ihrer dreifaltigen Form wisse. Bewußt hatte sie ein Gedicht über ihre Mutter, sich selbst und ihre dreijährige Tochter geschrieben. Und doch ist die »alte Frau… uralt wie die Luft, die den Dingen Leben einhauchte und die Worte ›Erschaffe uns‹« sprach, ein tief bewegendes Bild von der weisen Alten. Die Schilderung der Kleinen als Diebin und Mörderin ist eine bemerkenswerte Wiedergabe der geheimen Affinität der jungen Frau zur weisen Alten und ihrer Umwandlung in diese, wie sie in zahlreichen Mythen vorkommt (so verwandelt sich Demeters Tochter Kore nach ihrer Entführung in das Land der Toten zum Beispiel in die Göttin Persephone, »die-die-Zerstörung-mit-sich-bringt«).[79] Nur die Mutter bleibt in dieser Vision blaß und wird lediglich als Zeugin für die junge Frau und die weise Alte deutlich. Vielleicht muß die Dichterin den Glanz ihres voll erwachten Körpers noch entdecken, die Mutter noch entdecken, die soviel mehr ist, als sich lediglich »auf halbem Wege zwischen hier und dort« zu befinden, die selbst eine Präsenz und eine Größe ist.

Die Aufgabe, mit unseren Müttern und unseren Erfahrungen mit ihnen wirklich ins reine zu kommen, ist eine doppelte. Auf der einen Seite müssen wir ihre Menschlichkeit sehen und sie ihnen verzeihen. Und vielleicht müssen auch uns die unmöglichen Erwartungen vergeben werden, die wir ihnen aufgebürdet haben. Wir verspüren ein dringendes, ein *menschliches* Bedürfnis, akzeptieren zu können, daß unsere Mütter *wie wir* sind, ebenso begrenzt und manchmal unsicher und ebenso das Produkt ihrer eigenen Geschichte und Kultur, wie wir es sind. Unseren Müttern ein eigenes Selbst zuzugestehen und zu begreifen, daß dieses Selbst nicht für uns existiert, daß das »Mutterdasein« nur einen Teil ihres Lebens ausmacht und nicht dessen Mittelpunkt und das Ganze darstellt, heißt den ersten Schritt auf dem Wege zu einer Differenzierung zwischen persönlich und transpersonal zu machen und dem Persönlichen den richtigen Stellenwert zuzumessen. Vielleicht stimmen wir mit der Frau, die unsere Mutter tatsächlich ist, nicht überein oder mögen sie noch nicht einmal, aber um uns wirklich auf sie beziehen zu können, müssen wir ihr ihre Individualität und ihr Geburtsrecht darauf, ein begrenzter Mensch zu sein, zugestehen.

Andererseits müssen wir unsere Mütter auch als Trägerinnen eines Archetyps sehen, eines umfassenden Bilderkomplexes, mit dem jedes menschliche Wesen über Zeit und Raum hinaus seine Erfahrungen hat.

Weil sie kollektiv und zeitlos ist und aus einer sehr tiefen Schicht der kollektiven Psyche stammt, erscheint uns die archetypische Mutter in vielen ihrer uralten Gewänder; sie kommt mit einer spirituellen Geschichte im Schlepptau, die auch uns einschließt. Sie ist bei weitem größer als unsere menschlichen Mütter und erscheint doch in Teilen durch diese. Indem wir diese Teiläußerungen, diese »Fenster« zur Göttin verstehen, die unsere Mütter uns bieten, können wir anfangen, die Göttin als ganze zu begreifen und als die größere Mutter zu benennen, nach der unsere Seele sucht.

Die ungeheilte Tochter sucht nach ihrer Großen Mutter, einer Mutter, von deren strahlender Größe ihre Seele ganz erfüllt ist. Indem sie erkennt, daß das Objekt ihres Hungers sehr viel umfassender ist als das, was unsere leiblichen Mütter uns möglicherweise bieten können, ist sie imstande, die Fixierung des ungeheilten Kindes auf ein menschliches Wesen zu lockern und ihm beizubringen, seine Bedürfnisse zu verteilen. Wenn wir uns dafür öffnen, die Mutter aus mehr als einer Quelle zu empfangen, haben wir ein breiteres Spektrum an Heilungsmöglichkeiten für unsere Wunden zur Verfügung. Wir müssen dem ungeheilten Kind beibringen, sich an andere Frauen zu wenden, an die Natur, die Kunst, Meditation, Phantasie und Träume, um das größere Ganze zu erfahren. Allein wenn wir uns die Große Mutter vorstellen, schaffen wir einen Raum für sie, ein »Zuhause« in uns, das sie immer wieder aufsuchen kann. Wir müssen unsere Vorstellungskraft aktiv pflegen. Wir müssen das ungeheilte Kind über sein Beharren darauf, daß alles »gut« sein muß, hinausführen und ihm helfen, auch in dem einen Sinn zu sehen, was es als »schlecht« erfährt – um die Mischung aus Glanz und Dunkelheit ehren zu können, die die Mutter, sowohl die menschliche als auch die göttliche, in sich einschließt. Wenn wir von dieser Großen Mutter gehalten werden, sehen wir uns vielleicht imstande, die Heilung wahrzunehmen und zu empfangen, die sie bringt und die sich auch auf unsere Mütter erstreckt, die ebenfalls bedürftige Töchter der Großen Mutter sind.

Die Vision einer heute lebenden Frau umfaßt all diese Möglichkeiten. Es ist eine Vision für uns alle. Diese Frau schildert folgendes:

Ich hatte einen Traum über einen Streit zwischen mir und meiner Mutter. Die Energie zwischen uns war intensiv. Beim Aufwachen fühlte ich mich schrecklich. Ich ging mit Hilfe der aktiven Imagination noch einmal in den Traum hinein, spürte die Last der Verantwortung für meine Mutter, die ich immer getragen habe, das Gefühl, von ihren emotionalen Bedürfnissen überfordert zu sein. In der Phantasie wiegte und schaukelte ich sie, war dabei aber voller Verzweiflung und Groll. Auf der intellektuellen Ebene verstand ich die Schwierigkeiten zwischen uns aufgrund meines und ihres Hintergrundes, aber emotional konnte ich sie nicht akzeptieren.

Wir waren am Meer. Ich weinte, als ich sie in meinen Armen hielt. Und plötzlich hatte ich das Gefühl, mich nicht mehr am Boden zu befinden. Auch ich wurde getragen. Etwas schaukelte mich sanft. Ich schaute hoch und sah eine *riesengroße* Figur der Göttin, groß wie ein Berg. Ich saß auf ihrem Schoß, immer noch meine Mutter haltend. Wir saßen draußen über dem Wasser.

Mein Groll verschwand. Ich hatte das Gefühl, gehalten und ernährt zu werden. Ich erkannte, daß es nicht meine eigene Stärke war, auf die ich mich verlassen mußte.

Letzten Endes steht die Göttin hinter unseren Erfahrungen mit unseren leiblichen Müttern, und sie trägt uns alle.

9 Die Reise einer Frau

Ich möchte mich jetzt der Geschichte einer modernen Frau zuwenden, mit der ich gearbeitet habe und deren innere und äußere Reise einige der Probleme und Kräfte wiedergibt, die mit dem Durcharbeiten der Mutter-Tochter-Beziehung heute einhergehen. Trisha war die geschiedene Mutter von zwölfjährigen Zwillingsjungen und kam zu mir, um mir zu sagen, daß sie Schwierigkeiten mit der Beziehung zu ihren Söhnen hatte. Zu der Zeit, als sie mit mir zu arbeiten begann, hatte sie mit ihren Söhnen die letzten zwölf Jahre bei ihrer Mutter gelebt.

Ihr Vater hatte die Familie verlassen, als sie drei Jahre alt gewesen war; sie konnte sich kaum an ihn erinnern. Sie wuchs in der Gesellschaft von drei Frauen auf: ihrer Mutter und zwei Tanten. Ihre Mutter hatte nach Trishas Vater niemals wieder Beziehungen zu Männern gehabt.

Als erstes erzählte mir Trisha, daß ihre Mutter wie eine Schwester zu ihr sei. »Wir gehen überall zusammmen hin«, sagte sie. Es stellte sich heraus, daß das das Bild war, das die Mutter sich von ihrer Beziehung machte.

Als ich sie fragte, was ihre Mutter für ein Mensch sei, fiel ihr dazu absolut nichts ein. Um ihr zu helfen, ihr Gefühl von ihrer Mutter zu artikulieren, sagte ich: »Wissen Sie, was für eine Persönlichkeit sie hat?« »Keine Ahnung«, sagte sie. Da sie künstlerisch sehr begabt war, fragte ich sie, ob sie ihre Mutter zeichnen könne. Dabei kam etwas Erstaunliches heraus: Sie zeichnete eine urwüchsige Fischfrau, halb Fisch, halb Mensch (eine der ältesten Darstellungen der Göttin) als ihre Mutter, sich selbst dagegen viel kleiner, gesichtslos und an ihre Mutter gebunden (zwischen den Rücken der beiden verlief eine Schnur).

156

Trisha war sich nicht bewußt, in welchem Ausmaße sie an ihrer Mutter hing, und wie das wiederum im Zusammenhang mit ihrer Gesichtslosigkeit stand. Verblüffend an der Zeichnung war auch, daß weder sie noch ihre Mutter *persönlich* dargestellt waren.

Allmählich bildete sich ein persönlicheres Bild von ihrer Mutter heraus. Trisha erlebte sie als intellektuell, wortstark, konkurrierend, eigensinnig und sehr besorgt um die geistige Gesundheit ihrer Tochter. Gefühle, vor allem Depressionen, und ein Phantasieleben waren ihr besonders suspekt, und sie machte sich ständig Gedanken darum. Die Botschaft, die sie Trisha permanent vermittelte, lautete, daß sie nichts selbst machen könne, eine mächtige Botschaft von ihrer bindenden Mutter.

Als ich ihrer Mutter das erste Mal begegnete, kam sie mir selbstgerecht vor. Auffallend war auch, daß sie in Trishas Gegenwart oft für oder über diese sprach, als ob Trisha gar nicht anwesend wäre. In Gegenwart ihrer Mutter war Trisha still und zurückhaltend.

Zu Beginn unserer Arbeit war Trisha eine schüchterne, zurückgenommene Frau, sie hatte fast überhaupt kein Gefühl für sich und ihren Wert als Person. Es fiel ihr sehr schwer, Gefühle auszudrücken, und sie war kaum verbal. Gleichzeitig hatte sie enorme künstlerische Begabungen und ein sehr reiches Innenleben. Sie zeichnete und malte, wie manche Menschen träumen; es war nicht ungewöhnlich, daß sie mir zu einer Sitzung bis zu vier Zeichnungen mitbrachte. Ihre Gemälde gaben fast alle eine archetypische Bilderwelt sowie religiöse und mythologische Visionen wieder. Sie hatte zu der Zeit keinen persönlichen Bezug zu ihrem Werk und war oft erschrocken über die Bilder, die durch sie kamen. Sie war das, was Toni Wolff als die »Mediale« bezeichnete[80], eine Visionärin, durch die archetypische Bilder zum Ausdruck kamen. Ihre künstlerischen Ausdrucksmöglichkeiten waren begrenzt. Als sie zu mir kam, konnte sie anfangs zum Beispiel keine Farben benutzen, weil Farben für sie für Gefühle standen und Gefühle zu bedrohlich waren. Ihre Mutter hatte selbst Künstlerin werden wollen, aber ihr fehlte die Begabung. Statt dessen wurde sie Kolumnistin für eine Lokalzeitschrift. Als Trisha ihre Mutter fragte, ob sie, Trisha, Künstlerin werden könne, sagte ihre Mutter, nein, sie sei nicht gut genug.

Zur zweiten Sitzung brachte mir Trisha eine Serie von 28 Zeichnungen mit. Sie hatte keinerlei Vorstellung, was sie bedeuten könnten. Rückblickend waren sie wie ein einleitender Traum, der den Boden für den gesamten analytischen Prozeß bereitete. Sie schilderten die Reise einer jungen Frau, die ein ödes Schloß verließ, in dem nur Frauen lebten. Nach vielen Begegnungen und Hindernissen kommt sie zur Stadt der Mutter, wo sie mit Blutmysterien und Tänzen in das Frausein initiiert wird. Dann reist sie zur Stadt des Vaters, wo sie den Mann trifft, der ihr Ehemann wird. Sie haben einen Sohn, aber schließlich sterben Vater und Sohn, und sie wird zur Herrscherin, ganz weiblich, aber mit einem mächtigen männlichen Geist als Führer. Obgleich sie gefühlsmäßig keinen persönlichen Bezug dazu hatte, war die Serie dieser Zeichnungen eine vollständige Beschreibung dessen, was im Verlaufe der Analyse geschah.

Zuerst setzte sie sich nur wenig von ihrer Mutter ab. Sie teilte ihr alles mit, einschließlich ihrer Träume, aber manchmal spürte sie, daß sie etwas Raum für sich wollte. Sie war überrascht, als ich es ablehnte, auch mit ihrer Mutter zu arbeiten. Ich fing an, sie zu ermutigen, darüber nachzudenken, wie sie sich fühlte und was *sie* in alltäglichen Situationen wollte.

Sie hatte wenig Beziehung zu ihren Söhnen. Ihre Mutter zog sie groß, und Trisha fühlte sich eher wie eine Schwester ihrer Söhne als wie deren Mutter. Sie fürchtete sich vor der Männlichkeit ihrer Söhne und fühlte sich deren Problemen gegenüber hilflos. Daran arbeiteten wir ganz konkret, indem wir alltägliche Themen durchgingen und uns zum Beispiel überlegten, wie sie sich mehr für die schulische Situation ihrer Söhne engagieren könnte.

Wir konzentrierten uns anfangs im wesentlichen auf das Praktische. Ich versuchte ihr dabei zu helfen, daß sie einen eigenen Boden in der Welt fand. Das war sehr wichtig, weil ihre Mutter ihr eingeredet hatte, daß sie mit praktischen Dingen nicht zurechtkäme. Sie hatte das Gefühl, niemals mit Geld umgehen, Rechnungen bezahlen oder den Haushalt führen zu können. Das alles war das Reich ihrer Mutter. Statt matrophobisch zu sein, übernahm Trisha das Bild, das ihre Mutter sich von ihr machte, verschmolz damit und war davon überzeugt, so unzulänglich zu sein, wie ihre Mutter sie beschrieb.

Wir wandten uns auch ausführlich ihrer Sexualität und ihrem Körper zu, die von ihrer negativen Einstellung zum Frausein und ihrem Gefühl von Minderwertigkeit gezeichnet waren. Sie hatte seit ihrer Kindheit starke sexuelle Empfindungen gehabt. Als Trisha etwa acht, neun Jahre alt war, hatte ihre Mutter sie als »sexbesessen« bezeichnet, weil sie sie mit anderen Kindern bei Sexspielen vorgefunden hatte, und sie hinter Männern herlief, die ins Haus kamen, um etwas zu reparieren. Trisha hatte das Gefühl, daß ihre sexuellen Empfindungen streng tabu waren, im Alter von zehn Jahren hatte sie sehr viel zugenommen, um von diesen Gefühlen wegzukommen. Sie haßte ihren Körper, hatte das Gefühl, er sei Scheiße oder Verrottetes, etwas Ekelhaftes. Interessanterweise aß sie maßlos viele Süßigkeiten, während ihre Mutter Diabetikerin und dünn war. Essen, was die Mutter nicht essen konnte, und dick werden, waren ihre einzigen Möglichkeiten, sich von ihrer Mutter abzugrenzen. Über ihre sexuellen Gefühle und ihren Körper zu sprechen, war erleichternd für Trisha. Sie begann ein neues Erwachen zu spüren, so als würde sie ihre Pubertät noch einmal erleben. Ich wurde für sie allmählich so etwas wie eine Gegenmutter, mit deren Hilfe sie sich von ihrer Mutter unterscheiden konnte.

Sie webte eine Bilderwelt um mich, die aufnahm, was sie an sich nicht akzeptabel fand. Sie zeichnete eine Frau mit magischen Kräften, ein rotes Tuch, getränkt mit Menstruationsblut, über ihrem Schoß. Sie sagte, diese Frau würde Mädchen in das Frausein initiieren, und brachte sie mit mir in Verbindung. Die Initiierte, die sie nach ihrem Gefühl selbst war, war nackt, und ihre erogenen Zonen waren hervorgehoben (sehr ähnlich wie auf einigen der ältesten Bilder von der Göttin).[81]

Sie hatte bereits ein Gespür für das göttliche Weibliche, das andere Kräfte aufwies, als ihre Mutter sie besaß. Jetzt kämpfte sie damit, ein anderes Gefühl für ihren Körper zu artikulieren. Sie schrieb:

Ich habe plötzlich das starke Gefühl, daß es richtig ist, dick zu sein. Da ich mir die Schattenseite des Katholizismus nicht anschaute, überfiel sie mich körperlich, wo ich auch war. So sehe ich jetzt den Dämon des Hungers als rechtschaffenen Bauerngott, der ganz *real* ist und mich nicht gehen läßt, denn sonst würde ich auch die weibliche Religion hinter mir lassen. Aber wenn ich mich an ihn als Freund wenden kann – als jemanden, der mich wirklich auf diese Weiblichkeit hinweist – und ihn und den weiblichen Körper, den ich trage, lieben kann, bekommt das Dicksein seine Richtigkeit. In diesem Punkt bin ich gegen Jungs Äußerung, daß ein Mann, der wirklich dicke Frauen mag, die matriarchalische Phase nicht überwunden hat. Ich hatte das Gefühl, als würde sich das auch auf Frauen beziehen, die dick sind – aber jetzt spüre ich, daß diese Äußerung wahr sein könnte, doch das Dicksein kehrt wieder – so wie das Weibliche wiederkehrt. Ich habe das Gefühl, daß Jungs Äußerung abfällig ist und das nicht sein sollte. Es ist *gut*, sich am Matriarchat zu orientieren, denn all dies *muß* zum Vorschein kommen. Das häßliche Zeug muß zum Vorschein kommen, damit erkannt wird, daß es nichts Übles ist. Dicksein heute gilt als häßlich und falsch, weil es *weiblich* und nicht weil es falsch ist.

In einer Sitzung sprach sie darüber, daß sie kein Gefühl von ihrer Einzigartigkeit habe, außer wenn es um ihr Malen ginge. Ich bat sie zu überlegen, was sie außerdem noch einzigartig mache, und sie antwortete: »Mein Dicksein. Mein Dicksein bedeutet, daß ich in der Menge nicht verlorengehen und niemand mich versehentlich für einen Jungen halten kann.«
Acht Monate, nachdem wir angefangen hatten, zusammen zu arbeiten, machte sie den ersten großen Schritt von ihrer Mutter weg. Sie zog in das Erdgeschoß ihres gemeinsamen Hauses und hatte zum ersten Mal das Gefühl, einen eigenen Raum zu haben. Sie bestand trotz des Widerstandes ihrer Mutter auf getrennten Kassen.
Sie war ängstlich und sich ihres eigenen Standpunktes unsicher, aber ein Gefühl von Getrenntheit wuchs heran. Sie sagte mir, daß sie zum Beispiel einen Stuhl besitze, den ihre Mutter scheußlich fand. Trisha hatte das Gefühl, sie könne einfach keinen »schlechten Geschmack« (was dem entsprach, was ihre Mutter nicht mochte) haben, wie sie es nannte – und dann zögerte sie und sagte, daß *ihr* der Stuhl gefiele, und sie ihren *eigenen* Geschmack habe.
Sie fing an, gemeinsame Interessen mit ihren Söhnen zu entwickeln, unbhängig von dem Verhältnis, das ihre Mutter zu den beiden hatte. Und sie begann auch, Freundschaften mit Frauen zu schließen.

Ihr war jetzt bewußt, wie sehr sie mit ihrer Mutter verwoben war, und sie sah auch das Verschmelzen, womit sie zu kämpfen hatte. Sie schrieb:

In jede Anstrengung, die ich unternommen habe, war ein Fehler eingebaut. Ich glaube, ich habe ziemliche Angst vor Fehlern, so daß ich dafür sorge, daß Fehler passieren, damit ich von ihnen nicht überrascht werde. Und ich glaube, das ist auf die Tatsache zurückzuführen, daß meine Mutter das Gefühl hatte, sie könne mit der Kunst *keinen* Erfolg haben und auch mir erzählte, ich könne keine Künstlerin werden. Ich habe ihr ganz offensichtlich bewiesen, daß sie damit unrecht hatte. Ich kann zeichnen – aber was ich unternehmen muß, um davon leben zu können oder überhaupt von einer Arbeit leben zu können, die einigermaßen erträglich ist, das ist mir zu hoch.
Das gleiche gilt für die Ehe. Ich wählte eine Ehe mit eingebauten Fehlern, so daß mich ihr Scheitern nicht überraschen konnte. Schließlich scheiterte auch ihre Ehe, und da sie großartiger ist als ich, durfte meine doch nicht gelingen. Ich *kann nicht* erfolgreicher sein als sie. Das ist offensichtlich ein Gesetz, das ich schnurstracks ansteuere. In bezug auf die Kunst gelang es dem Unbewußten, dieses Gesetz zu umgehen.
Sie ist nicht gut in Mathematik – also bin ich auch nicht gut in Mathematik. Sie wäre keine gute Geschäftsfrau, also wäre ich auch keine gute Geschäftsfrau. Sie war nicht gut in Naturwissenschaften, also kann ich natürlich auch nicht gut in Naturwissenschaften sein.
Aber auf den zwei Gebieten, auf denen sie sich sehr unzulänglich fühlte – Phantasie und Kunst –, war ich erfolgreich. Auch wenn das beides Bereiche waren, in denen sie arbeitete und versuchte, sich durchzusetzen. Vielleicht gab mir das freie Bahn…
Aber trotzdem bleibt die Frage, wie finde ich heraus, was ich gut kann? Ich kann arbeiten (gegen Widerstände), ich kann Auto fahren (meine Mutter nicht), ich kann malen, bildhauern und Ton modellieren.

Später kamen Ärger und Kritik an ihrer Mutter hoch, zusammen mit einer positiveren Selbsteinschätzung. Sie schrieb:

Ich fühle auch den Mangel an Vertrauen (bei meiner Mutter). Sie traut mir nicht zu, daß ich meinen Haushalt gut führe, eine gute Mutter bin und mit Geld umgehen weiß. Ich bin die Schülerin, die Introvertierte, und als solche bin ich zu einseitig, so sagt meine Mutter, um diese Dinge erledigen zu können. So lautet die Botschaft, mit der ich gelebt habe. Und trotzdem macht es mir Spaß, einen Haushalt zu führen, und ich kann auch dann eine gute Mutter sein, wenn ich die Kinder einmal anschreie. Im Augenblick schreie ich sehr wenig und schimpfe noch nicht einmal, während *sie* die Kinder anschreit.

Ich habe das Gefühl, sehr gut mit Geld umgehen zu können, und habe das ja auch getan, als ich verheiratet war. Trotzdem mißtraut *sie* mir in bezug auf Geld, während sie doch dazu neigt, die Rechnungen schon Wochen vor dem Zahlungstermin zu bezahlen, so daß uns *kein* Geld für Lebensmittel bleibt. Als wir letztes Mal die Rechnungen bezahlten, geriet sie in Panik und sagte, als sie den letzten Scheck ausstellte, daß wir das Geld nicht hätten. Als ich aber nach dem Kontostand fragte, stellte sich heraus, daß noch über hundert Dollar da waren und wir immer noch achtzig Dollar im Sparschwein haben. Trotzdem heißt es, ich könne nicht mit Geld umgehen, sie aber. Der Grund dafür ist vielleicht, daß ich Geld für persönliche Dinge wie Ringe ausgebe, wenn welches da ist, und sie nicht. Aber das ist schließlich *ihr* Problem.

Kurz darauf begann sie sich davor zu fürchten, daß ihre Mutter in sie eindrang. Sie malte jetzt sehr produktiv und in Farbe, und auch hier gab sie eine mutige Selbsterklärung ab:

Ich beendete mein Gemälde (schrieb sie), das von Mutter Erde, die die Kreuzigung träumt. Ich begann früh am Tag bei…(im Hause meiner Freundin) zu malen und stellte dann fest, daß mir schwindelig und übel wurde, und ich mich sogar einer Ohnmacht nahe fühlte. Ich führte das eindeutig auf das Bild zurück, von dem ich jetzt wußte, daß ich es signieren würde (sie hatte nie zuvor ein Bild signiert), um schließlich doch verbindlich zu etwas zu stehen – das hier war meine Äußerung und mein Fundament, wo ich in der Mitte meines Bildes stand und von diesem Standpunkt aus hinaus in die Welt schaute. Und es war, als wäre das auch ein Bruch mit meiner Mutter, eine Erklärung, daß dies mein Gebiet darstellte, und ich jetzt anders war als sie.
Ich fühlte mich, als stünde ich allein auf einem Berggipfel und wäre höher hinaufgestiegen als meine Mutter, und darum war es sehr gefährlich – unwegiges Gelände, von dem man leicht abstürzen konnte –, denn es führte über meine Mutter hinaus. Hier konnte sie mich nicht unterstützen. Ich befand mich schließlich auf einem Boden, den sie nicht betreten hatte.

Schließlich zog sie fast ein Jahr, nachdem wir mit der Arbeit begonnen hatten, zusammen mit ihren Söhnen in eine eigene Wohnung. Sie war darüber verwirrt, fühlte sich aber auch neu belebt. Unmittelbar nach ihrem Umzug träumte sie vom Tod ihrer Mutter. Das jagte ihr Entsetzen ein, und sie konnte aufgrund ihrer Angst nicht zur Arbeit gehen. Sie wollte unbedingt für sich bleiben, fühlte sich aber gezwungen, zum Haus ihrer Mutter zu gehen und nachzuschauen, ob es ihr gut ging.

Meiner Erfahrung nach ist das für einige Frauen bei der Mutter-Tochter-Trennung ein allgemeines, tiefes, unterschwelliges Thema, vor allem wenn eine bindende Mutter im Spiel war, mit der die Tochter verschmolzen ist. Diese Frauen glauben: Wenn ich mein eigenes Leben lebe, wird meine Mutter sterben. Manchmal spiegelt das in Teilen wider, was die Mutter der Tochter eingegeben hat, aber meiner Erfahrung nach hat es mehr damit zu tun, daß die Tochter die Mutter verliert und damit die Orientierung, die die Verbindung zur Mutter ihr gab. Loslassen heißt aufgeben, was vertraut ist, und was vertraut ist, ist sicher, weil wir es kennen. Das gilt selbst dann, wenn das Vertraute schrecklich und lebenstötend ist. Wird die Mutter aufgegeben, muß die Tochter der Mutter herausfinden, wer sie eigentlich ist, wenn sie sich nicht mehr an die Mutter anpaßt. Geht der mütterliche Halt verloren, *ist* das ein Tod, der den Weg freimacht für die Wiedergeburt der Tochter.

Das wird auf eine bewegende Weise durch die Texte illustriert, die Trisha schrieb, nachdem sie in ihre eigene Wohnung gezogen war:

Ich habe versucht, mir zu überlegen, was es für mich bedeutet, oder wie es sich für mich anfühlt, *allein* an meinem neuen Platz zu sein. Am besten läßt sich das noch damit beschreiben, daß es ist, als ob ich erfroren bin und war. Und langsam, *ganz* langsam, während ich immer wieder allein hier sitze, glaube ich fühlen zu können, wie das Auftauen beginnt. Ich weiß nicht, wie mein Inneres aussieht, weil ich jahrelang wie erfroren war.

Ich habe fast das Gefühl, daß ich, mir allein überlassen und ohne den Sog der Außenwelt oder des kollektiven Unbewußten, vielleicht überhaupt keine Energie haben könnte und mich inmitten der Leere befinde, die ich bin – und da muß eine Leere sein, weil alles gefroren ist, und da kann auch keine Energie sein, weil dies niemals genutzt wurde.

Noch in der gleichen Phase schreibt sie später:

Ich stelle fest, daß ich mich immer noch ängstlich fühle, wenn ich nach Hause komme. Als ob ich auftaue und in meine Wohnung hineinfließe. So wie: es ist immer noch so neu, daß ich nicht weiß, was ich damit anfangen soll. Wie wenn man sich an ein neues Baby gewöhnen muß.

Zwei Monate später findet sie ihren eigenen Weg. Sie schreibt:

Ich schaute die Tür an, Billy und Matt (ihre Söhne), und fischte aus all dem Müll heraus, was ich als Tisch erkannte, und plötzlich dämmerte mir, daß ich *entsetzliche Angst* davor hatte, mit mir – auf mich gestellt – zu sein, und daß ich es jetzt *war* und damit umgehen konnte. Auch wenn es ein schmerzlicher Prozeß ist, herausfinden zu müssen, wo all die tausend Dinge hingehören. Ich bekomme jetzt zum ersten Mal ein Gefühl für die Wohnung in dem Sinne, daß ich weiß, was ich mit den *Dingen* anfangen soll. Als ob mit der Tür und dem Eintreffen meines gewohnten Tisches jetzt alle Stücke hier wären und beginnen, ihren Platz einzunehmen.

Auch ihr Gefühl für ihren Körper und für sich als Frau veränderte sich. Sie erkannte, daß ihre negativen Gefühle zu ihrem Körper zum Teil daher kamen, daß sie als Kind niemals liebevoll berührt worden war. Sie hatte das Gefühl, daß ihre Mutter sie niemals körperlich geliebt hatte.
Ich war für sie zu dieser Zeit ein starkes Vorbild für all das, was tabu gewesen war, und was sie jetzt für sich geltend machte. Obwohl ich ihr eingestand, daß auch ich Probleme mit meinem Gewicht habe, sah sie mich als eine Frau, die ihr Gewicht gut trug und schönere Kleider hatte als sie. Ich ermutigte sie, sich von ihrem Neid sagen und geben zu lassen, was sie haben wollte (bislang hatte sie immer formlose, abgetragene Kleider angehabt). Jetzt experimentierte sie mit neuen, attraktiveren Kleidern und fand schließlich zu ihrem ganz eigenen Stil.
Sie malte mich als ein sehr sexuelles Wesen, das leuchtende Farben trug. Sie betrachtete mich als eine Frau, die »halb im Bewußten und halb im Unbewußten lebt, aber ohne daß du dich im Unbewußten verlierst«. Ich war ein Vorbild für ihr knospendes Ich, das sie allmählich in die Lage versetzte, nicht nur angemessenere Kontakte

164

zur Außenwelt aufzunehmen, sondern auch einen Boden zu schaffen für ihr machtvolles Innenleben.

Ich ermutigte sie, ihre Gefühle für ihren Körper zu malen. Sie malte ihren Körper mit Haar bedeckt, verwies dabei auf die schlafende Schöne sowie auf die Schöne und das Biest. »Aber das Biest bin ich«, sagte sie. Sie hatte das Gefühl, daß ihr Körper kämpfte, um herauszukommen.

Die Trennung von mir begann auf eine äußerst tiefsinnige Weise. Sie war etwas vertraut mit der Bilderwelt der Göttin und der Alten Religion, denn an einem Punkt hatte ich ihr Merlin Stones Buch *Als Gott eine Frau war* zu lesen gegeben. In gewissen Zeitabständen tauchte die Göttin immer wieder in den verschiedensten Formen in ihren Bildern auf, aber sie hatte zu diesen Darstellungen keinen stark persönlichen Bezug. Andere Bilderwelten waren für sie zentraler und wichtiger.

Etwa zwei Jahre nach Beginn unserer Zusammenarbeit kam sie sehr aufgewühlt in eine Sitzung und sagte, sie habe eine starke Vision von der Großen Mutter gehabt. Die Vision war zu stark gewesen, um mit Worten beschrieben werden zu können, aber zwei Dinge traten deutlich hervor: sie erkannte, daß die Große Mutter *alles* und daß sie sexuell war. Sie war davon tief berührt. Sie erzählte mir, daß ihr jetzt klar sei, daß sie die Göttin berühre, wenn sie ihren eigenen Körper berühre, und daß sämtliche Frauen Teil des Körpers der Göttin seien. Da sie ein Ich entwickelt hatte, war sie jetzt in Kontakt mit einem weiblichen Selbst, einer tiefgehenden und transpersonalen Vision von Ganzheit.

Zwei Monate später verspürte sie den Zwang, einen Schrein für die Göttin zu bauen. Sie stellte ihn in ihren Kleiderschrank. In der Sitzung nach dem Bauen des Schreines erzählte sie mir, daß sie sehr ängstlich sei, zum Teil, weil sie das Gefühl hatte, aus der Kirche ausgetreten zu sein, aber zum Teil schien das auch direkt mit dem Schrein zusammenzuhängen.

Ich fragte sie, ob sie sich die Bedrohung konkreter vorstellen könne. Zuerst fiel ihr eine Haushälterin ein, die ihre Mutter eingestellt hatte, als Trisha drei Jahre alt gewesen war. Sie hatte das Gefühl gehabt, daß diese Frau sie haßte. Dann dachte sie an ihre Tante, die

Krankenschwester gewesen war und sie behandelt hatte, als sie an Hepatitis erkrankt war. Sie malte sich ihre Tante jetzt mit einer riesigen Injektionsspritze aus. Schließlich wurde die Gestalt zu einer *riesengroßen* Haushälterin. Als ich sie bat, sich die Gestalt detaillierter vorzustellen, wurde diese sehr bedrohlich. Ich sagte Trisha, sie solle diese Figur fragen, was sie wolle.

Die Antwort lautete: »Ich will dich.« »Was will sie mit dir?« fragte ich und leitete damit diese aktive Imagination ein. Trishas Antwort war: »Mich auffressen.« »Warum?« fragte ich. »Damit sie frei sein kann. Sie ist sehr an mich gebunden. Ich bin ihre Nahrung. Sie wird dann Gewicht haben.« Ängstlich begann Trisha über Opfer zu sprechen. »Gibt sie sich auch mit einem Ersatz zufrieden?« fragte ich. »Ja«, antwortete die Gestalt der Haushälterin, »mit einem Seelenstein.« Nun hatte Trisha kürzlich einen Stein gefunden, von dem sie das Gefühl hatte, daß er sehr mächtige Kräfte in sich berge. Sie hatte ihn ihren Seelenstein genannt. Als sie die Antwort der Haushälterin hörte, fragte Trisha sich, ob sie damit nicht ihre eigene Seele verlieren würde. Ich ermutigte sie zu fragen, ob es auch etwas anderes sein könnte, der Haushälterin zu sagen, daß dieser Stein Trisha gehöre und nicht weggegeben werden könne. Die Antwort lautete, ja, Trisha könne zum Fluß hinunter gehen und einen weiß gesprenkelten Stein suchen, der würde es auch tun.

Plötzlich erkannte Trisha, daß es ein Platz in ihrem Schrein war, was diese Frau, diese Göttin, begehrte; sie wollte nicht übergangen werden. Ich dachte an die dreizehnte Fee in »Dornröschen«, die das Kind verflucht, weil sie von seiner Geburtstagsfeier ausgeschlossen worden war. Sie steht für alles, was am Weiblichen abgewertet worden ist, was ausgeschlossen und davon abgehalten wurde, dem Leben seinen Segen zu schenken, und so kehrt sie in verzerrter, bedrohlicher Gestalt wieder. Bei Trisha tauchte dieser abgewertete Aspekt in Form ihrer Schwierigkeiten mit der Hausarbeit auf, die zum Teil auch eine Reaktion auf die Verkündung ihrer Mutter waren, daß Trisha ihr in diesem Bereich unterlegen sei und damit nicht zurechtkäme. Die bedrohliche Haushälterin-Gestalt, die in ihrer Phantasieerfahrung entstand, forderte, daß auch dieser Bereich in die Verehrung der Göttin mit einbezogen würde, daß dieses Thema in ihrem Leben einer höheren Macht übergeben werden sollte als ihre Mutter es war, die es abwertete. Interessant war, daß Trisha, als sie den Schrein fertigstellte und nun auch einen Stein für die Haushälterin mit hineinlegte, jetzt auch selbständig viel Hausarbeit erledigen konnte, ohne sich wie sonst ängstlich oder unterlegen dabei zu fühlen.

Sie begann, die Göttin aktiv zu verehren. Sie sagte: »Ich fühle mich, als wäre ich die Erde, und meine Achse verlagert sich.« In dieser Periode träumte sie auch von einem Baby, das von einem erblich bedingten Leiden geheilt wurde.

Die Tochter der Haushälterin begann in ihren Visionen zu erscheinen. Auf der persönlichen Ebene brachte Trisha diese Gestalt mit der leiblichen Tochter der Haushälterin, die ihre Mutter eingestellt hatte, in Verbindung, ein Mädchen, das sich gegen ihre garstige Mutter gestellt hatte. Jetzt wurde die Rebellin zu einer heiligen Gestalt erhoben, und Trisha hatte das Gefühl, daß sie Dinge, die zu belanglos waren, um sie der Göttin zu unterbreiten, zuerst der Tochter darlegen konnte.

Sie sprach von dem Gefühl, das aus dem Schrein in ihr tägliches Leben strahlte: in die Hausarbeit, die Diät, die sie einhielt, ihren Beruf. Sie hatte jetzt einen festeren inneren Boden für ihr Ich, einen Nährboden für ihr weibliches Selbst.

Vieles begann sich zu verändern. Ihre Verbindung zu ihren Söhnen vertiefte sich, und sie konnte die beiden Heranwachsenden in ihrem neuen Wunsch nach Autonomie unterstützen. Sie freundete sich mit einem Mann an, nachdem sie viele Jahre lang zu Männern keine Beziehungen gehabt hatte. Das brachte viele Schwierigkeiten und Themen mit sich, die um ihren verstorbenen Vater kreisten. Zur gleichen Zeit verliebte sich ihre Mutter – die ihre eigenen Themen und Trennungsbedürfnisse in Folge ihrer eigenen Therapie wirklich angenommen hatte – und heiratete im Alter von siebzig Jahren.

Das war wirklich aufregend für Trisha, vor allem weil ihr Stiefvater begann, das Bild eines Vaters für sie auszufüllen – obgleich die beiden viele Schwierigkeiten miteinander hatten und aufgrund ihrer Persönlichkeiten oft aneinandergerieten. In ihrem Innenleben begann Trisha jetzt auch Verbindung zu männlichen Götterbildern aufzunehmen und fügte der Göttin auf ihrem Altar eine männliche Göttergestalt hinzu. Dann baute sie nach und nach einen getrennten Schrein für Gott, den Vater.

An diesem Punkt brach sie auf zu ehemals verbotenem Gelände. Sie begann machtvolle Erfahrungen mit inneren männlichen Gestalten zu machen, die sie in ihrem Glauben an sich als Künstlerin bestärkten und ihr Gefühl für sich und ihre Kunst stark beeinflußten. Sie malte noch mehr als früher und begann, mythische Geschichten für die Gestalten, die sie malte, zu schreiben. Ihr Schreiben wurde ebenso produktiv wie ihr Malen, was auch deswegen interessant war, weil Schreiben bislang das alleinige Terrain der Mutter gewesen war. An einem Punkt war sie nicht sicher, ob ich sie noch verstehen könne. Ihr innerer männlicher Führer sagte, der Grund dafür sei, daß ich mich im südlichen Reich der Göttin befände, sie dagegen im nördlichen. Beide hatten ihre Gültigkeit, sagte er, es seien lediglich verschiedenen Orte.

Die Geschichte hat ein rundes und bemerkenswertes Ende. Trisha und ihre Mutter wurden schließlich Freundinnen, die sich gegenseitig unterstützten, sich ihrer Unterschiede bewußt waren, völlig getrennt voneinander agierend. Ich kannte die Mutter an diesem Punkt ziemlich gut; es war verblüffend, wie verschieden sie und Trisha waren. Die Mutter war sehr praktisch veranlagt, sehr auf dem Boden der Tatsachen und hatte einen reichen, freundlichen Humor. Ihre Tochter war sehr viel innerlicher, empfindsamer und exotischer. Trishas Mutter akzeptierte die Unterschiede zwischen ihnen jetzt und hatte ihre eigene Trennung vollzogen.

Trisha machte radikale Veränderungen durch. Sie gab ihre langweilige Arbeitsstelle auf und widmete sich ganz ihrer Kunst. Sie lebte eine Weile mit ihren Eltern zusammen, bis einer ihrer inneren Führer ihr sagte, sie solle nach Mexiko ziehen. Ihr Stiefvater war davon besonders berührt. Als sehr konservativer, militärischer Mann war er tief beeindruckt und sagte, daß auch er einen Traum verfolgen wolle. Auch ihre Mutter war ergriffen. Bemerkenswerterweise beschlossen sie alle, von Trishas innerem Führer Anweisungen anzunehmen und nach Mexiko zu ziehen.

An diesem Punkt wurde *ich* zur praktischen, konservativen Mutter und machte mir ständig Sorgen. Wie würde sie leben? Wie würden sie ein Dach über dem Kopf finden? und so weiter. Einmal war ich voller Zweifel und entmutigend, aber zu dieser Zeit hatte Trisha bereits ein so starkes Gefühl für ihr eigenes Zentrum, daß sie mich einfach akzeptierte und sagte, sie würde in jedem Falle gehen.

Der Umzug nach Mexiko war für sie alle eine wichtige Erfahrung. Später kehrte ihr Stiefvater zurück, und ihre Mutter folgte ihm. Trisha blieb und schrieb mir, daß sie sich tiefer auf Männer und auf das einlasse, was sie früher als fremde Männerwelt empfunden hatte. Sie kam schwanger zurück und beschloß, das Kind zu bekommen, auch wenn sie mit dem Vater nicht mehr zusammen war. Als ich das letzte Mal mit Trisha sprach, hatte sie gerade wieder zu malen angefangen. Sie stillte das Kind, das nicht nur von ihr, sondern von einer größeren Gruppe, die aus Familie und Freunden bestand, versorgt wurde. Sie sagte, sie sei sehr glücklich.

Trisha führt ein Leben mit mehr Unsicherheiten, als die meisten von uns es leben könnten, aber es ist jetzt voll und ganz ihr eigenes Leben. Ich habe von ihr sehr viel über Kreativität, innere Werte und das Verfolgen des eigenen Weges gelernt. Es rührt mich, wenn ich mich an ihre Geschichte erinnere und sie hier wiedergebe, und ich bin ihr dankbar dafür, daß sie mir die Erlaubnis dazu gab.

In Trishas Geschichte zeigt sich uns das gesamte Bild der Mutter-Tochter-Trennung und -Beziehung, die folgendes beinhalten:

1. Trennung und Unterscheidung von der leiblichen Mutter.
2. Zurückgewinnung und Wiedergeburt des Kindes, das in seinem eigenen Wachstum nicht angemessen gefördert wurde.
3. Die Hilfsbereitschaft einer anderen Frau, die als Gegenmutter dient.
4. Die Konstellation des Archetyps als innere Hilfsquelle sowie die Bereitschaft des Ich, von ihm zu lernen und ihm zu dienen.
5. Und schließlich, in Trishas Fall, eine schöne erneute Verbindung mit ihrer leiblichen Mutter auf eine Art und Weise, die beiden die eigene Fülle und Andersartigkeit erlaubt.

Zum Abschluß

Der Prozeß, unserem Leben einen Sinn zu geben, geht auf der bewußten wie auch auf der unbewußten Ebene immer weiter. So wie in der Alten Religion, wo Leben und Tod, Positives und Negatives in ständigen Zyklen wiederkehrten, und das eine aus dem anderen hervorging, kehren auch in unserer Psyche die Bilder ständig wieder, an denen wir Zyklen und Veränderungen erkennen können. Das gilt auch für die innere Mutter, das Bildnis, mit dessen Hilfe wir uns an unsere äußere Mutter erinnern oder auf dessen Hintergrund wir sie betrachten. Durch längst vergessene Erinnerungen, die plötzlich ins Bewußtsein steigen, kann das Bild, das wir uns von ihr machen, wechseln. Neue Informationen über ihr Leben oder neue psychologische Perspektiven in unserem eigenen Leben, mit denen wir auf unserem Weg bekannt werden, schaffen das Bildnis immer wieder neu. Wir glauben zu wissen, wer unsere Mütter sind, aber unsere Bilder von ihnen verändern sich ständig. Das können wir leicht sehen, wenn wir unser ganzes Leben vor Augen haben und uns die Bilder ins Gedächtnis rufen, die wir uns in verschiedenen Lebensaltern von ihr machten. Selbst wenn unsere Mütter tot sind, kann dieser Wandel noch stattfinden und Heilung bringen. Und das ist das Wunder der Psyche und die Grundlage für so manche spirituelle Erfahrung: allein die Bilder, allein die psychischen Erfahrungen können die Leere und die Wunden heilen, die als Folge früherer konkreter Erlebnisse entstanden und uns auf dieser Ebene heute nicht mehr zugänglich sind.

Ich erinnere mich diesbezüglich an eine Erfahrung aus einem Workshop, den ich vor Jahren hielt. Wir sprachen über Körperlichkeit und Berührung in der Mutter-Tochter-Beziehung, und ich hatte die Gruppe zu einer gelenkten Phantasie über ihre Mütter und ihren Körper angeleitet. Nachdem ich die Gruppe schrittweise durch eine Entspannungsübung geführt hatte, forderte ich jede Frau auf, sich in einer Umgebung zu sehen, die sie besonders liebte, und zu spüren, wie wunderbar ihr Körper war, sich wirklich im Körper zu spüren und ihn zu lieben. Dann bat ich sie, sich vorzustellen, wie ihre Mutter die Szene betrat und die Phantasiereise mit offenem Ende weitergehen zu lassen. Das war für viele Frauen eine sehr tiefgehende Übung, aber eine ging daraus besonders strahlend hervor. Ich fragte sie, ob sie der Gruppe ihre Erfahrung mitteilen könne, und sie erzählte die folgende Geschichte: Sie hatte sich auf dem Bauernhof gesehen, auf dem sie aufgewachsen war, nahe dem Fluß, wo sie sehr gern gespielt hatte. Sie stand nackt da und fühlte sich ganz zuhause, als auch ihre Mutter nackt erschien. Sie tauchten zusammen in den Fluß und schwammen Seite an Seite. Dann verwandelten sie sich in Fische, die im Wasser herumschwammen und spielten. In Wirklichkeit, fuhr sie fort, hatte sie nie auch nur den nackten Körper ihrer Mutter gesehen und kaum eine körperliche Beziehung zu ihr gehabt. Und jetzt war ihre Mutter schon seit Jahren tot. Trotzdem war während der Phantasiereise etwas mir ihr *geschehen*. Es war, als wäre alles wirklich passiert; etwas, das in ihrer Beziehung zu ihrer Mutter so sehr gefehlt hatte, war berührt und geheilt worden. Sie konnte die Verwandlung in sich spüren. Während sie sprach, zeigte ihr Gesicht einen Ausdruck von Zärtlichkeit und Erstaunen.

Während ich dieses Buch schrieb, machte ich völlig unerwartet eine ähnliche Erfahrung, die mich tief berührte. Sie fand in einem Traum statt und verwob Vergangenheit und Gegenwart, Persönliches und Transpersonales auf eine neue und bedeutsame Weise. Ich schrieb bereits mehrere Wochen an diesem Buch, als ich den Traum hatte. Ich hatte vergebens versucht, über meine positiven Erinnerungen an die Verbindung mit meiner Großmutter zu schreiben, die das zweite Kapitel einleiten. Jedesmal wurde ich von Traurigkeit überwältigt und mußte aufhören. Dann träumte ich: Ich war mit meiner Großmutter im Hinterhof des Hauses meiner Kindheit. Die Erdkastanie, die in meiner Kindheit im Hof gestanden hatte, hatte sich in den Apfelbaum verwandelt, der heute in meinem Hinterhof steht. Er blühte, und ich dachte daran, ein paar Äste für die Vase abzuschneiden.

Der Hinterhof *gehörte* wirklich meiner Großmutter; in ihm befand sich der größte Teil ihres Gartens, wo wir beide – außer in der

Küche – wahrscheinlich die meiste Zeit zusammen verbracht haben. Die Erdkastanie war ein riesiger alter Baum, der den Hof beherrschte. Ich sammelte gerne seine Kastanien und spielte mit ihnen. Ich habe auch einen gegenwärtigen Bezug dazu. Letztes Jahr entdeckte ich einen anderen Erdkastanienbaum – den ersten, den ich seit meiner Kindheit gesehen hatte – im Hinterhof einer Frau, die mir sehr tiefgreifend beibrachte, was es heißt, positiv bemuttert zu werden. Als ich sie besuchte, fand ich eine der Kastanien, die vom Baum gefallen waren. Die Hülle war abgezogen, und die Frucht war außerordentlich schön, ihre volle Rundheit endete in einem winzigen Nippel. Ich hatte darin eine kleine »Naturbrust« gesehen und sie wochenlang mit mir herumgetragen.

Der Apfelbaum war von tiefer Bedeutung für mich. In ihm hatte sich eine meiner tiefgehendsten und reichsten Erfahrungen mit der positiven Wandlungsgöttin abgespielt. Als ich vor vielen Jahren in das Haus gezogen bin, in dem ich heute lebe, hatte ich ein unheimliches Erlebnis in meinem Hinterhof. Ich spürte die Gegenwart eines Wesens in dem Apfelbaum, der dort wuchs. Es war etwas dort im Baum und ging noch über ihn hinaus. Zu der Zeit wußte ich nicht, daß Äpfel und Apfelbäume der Göttin heilig gewesen waren. Bis dahin hatte ich noch nie eine solche Erfahrung gemacht; seitdem ist mir etwas ähnliches widerfahren, als ich einmal unwissentlich im Norden auf heiliges indianisches Land fuhr und, bevor ich noch wußte, wo ich war, eine machtvolle Präsenz spürte. Aber bei dem Apfelbaum war ich ziemlich nervös. Langsam begann ich mich auf das Wesen einzustimmen und mich dafür mehr zu öffnen. Ich spürte von Anfang an, daß es weiblich war, und erkannte, daß ich einem mächtigen Teil der Göttin gegenüberstand. Über mehrere Jahre hinweg war dieses Baumwesen eine Art Geistführerin für mich, mit der ich viele innere Dialoge führte. Am häufigsten agierte sie als Lehrerin und mitfühlende Begleiterin, die mir ein tiefes Wissen über sie selbst, über Leben und Tod und über mich in Gegenwart und Vergangenheit übermittelte. Manchmal sprach sie zu mir von meiner Großmutter. Manchmal überschritten ihre Anweisungen meine Bereitschaft, und ihre Lektionen gingen über das hinaus, was ich aufnehmen konnte, aber immer lehrte sie voller Wohlwollen, und ich lernte, diesem Geist zutiefst zu vertrauen. Jetzt ist sie meistens still, und andere Aspekte der Göttin treten in meinem augenblicklichen Leben stärker hervor. Trotzdem bleibt der Geist des Apfelbaumes bei mir, wie eine erste positive Bemutterung...

Der Traum verpflanzt die Göttin in meine Kindheit. Ich kann mit Worten kaum vermitteln, was das für mich bedeutet. Es verändert meine Wahrnehmung von der Vergangenheit. Es bedeutet, daß sie in der Süße zwischen meiner Großmutter und mir anwesend war. Es bedeutet, daß sie für meine Großmutter da war, daß sie in »ihrem« Raum ebenso präsent war wie in meinem, und daß sie auch den Raum beherrschte, der »unserer« war. Es bedeutet, daß in der Gegenwart mehr existiert als die ziehende Traurigkeit, die ich so oft empfinde, wenn ich über meine Großmutter nachdenke. Auch die Göttin ist anwesend, größer als meine Traurigkeit, größer als die Ereignisse, die meine Großmutter und mich überrollt zu haben scheinen. Es bedeutet, daß etwas aus der Gegenwart, etwas von umfassender Bedeutung und Güte, in meine Vergangenheit gebracht worden ist und jetzt auch dort steht, so wie der Erdkastanienbaum heute im Hof der Frau steht, die zu den »guten Müttern« gehört, die ich in meinem Erwachsenenleben kennengelernt habe. Vergangenheit und Gegenwart verweben sich miteinander, fließen zusammen. Für mich zeugt das von einer Kontinuität, die ich in meinem Leben nur selten bewußt wahrgenommen habe. Es veranschaulicht eine grundlegende, niemals endende Kreativität sowohl in der Göttin als auch in mir. Sehe ich das als eine Vision von ihr, fällt mir dazu eines meiner Lieblingsgedichte über sie ein, das von einer Frau stammt, die die Göttin »Sie Die« nennt:

Sie Die ewig fortfährt
Sie Die ein Wesen hat
mit Namen Sie Die ein Wesen ist
mit Namen Sie Die ihren eigenen Namen trägt.
Sie Die die Dinge umstößt.
Sie Die ihren eigenen Weg markiert, sammelnd.
Sie Die ihre eigene Besonderheit ausmacht.
Sie Die anders ist, ihre eigenen Erlebnisse sammelnd.

Sie Die sammelt, gewinnt
Sie Die ihre eigenen Wege verfolgt,
sammelt Sie Die wartet
in sich tragend Sie Die
ihren eigenen Namen pflegt
befördert Sie Die gebiert,
in sich tragend Sie Die sich kümmert
um Sie Die ihre eigenen Wege sammelt,
tragend
die Namen für Sie Die sammeln und erwerben,
singend: Ich bin die Frau, die Frau
die Frau – Ich bin die erste Person
und die erste Person ist Sie Die die erste Person ist für
Sie Die für niemand sonst die erste Person ist. Es gibt
keine andere erste Person.
Sie Die flutet wie ein Fluß und
fortfließt wie ein Fluß
Sie Die ewig fortfährt.[82]

Der Prozeß geht weiter. In meinem wie in Ihrem Leben fährt die
Göttin fort zu sein und zu werden.

Anhang

Dank

Ohne die Hilfe und Ermutigung vieler Menschen hätte dieses Buch nicht geschrieben und veröffentlicht werden können, und an dieser Stelle möchte ich dafür meine Anerkennung aussprechen und mich bedanken. An erster Stelle möchte ich – anonym – der Frau danken, die mich dazu brachte, dieses Buch zu schreiben. Ihre Anteilnahme, Ermutigung sowie ihr beharrlicher Glaube an mich waren mir durch alle Höhen und Tiefen hinweg eine Stütze. Meine eigenen Erfahrungen als Therapeutin, Lehrerin, Mutter und Tochter sind durch die Erfahrungen von Freundinnen, Studentinnen und Klientinnen sehr erweitert und bereichert worden. Besonders dankbar bin ich den Frauen, die mir die Erlaubnis gaben, verfremdete Versionen ihrer Geschichten in diesem Buch wiederzugeben.

Mehrere Menschen lasen das Manuskript in seinen verschiedenen Fassungen und lieferten Kommentare. Danken möchte ich dafür Sylvia Perera, Annmari Ronnberg, Maryann Sherby und Dr. Gertrud Ujhely. Besonderen Dank an Maryann für ihre redaktionelle Hilfe und an Gertrud, die das Manuskript unter ziemlichem Zeitdruck las. Ich danke auch Bezo Morton und ihrem Mann Bob; ihr Wissen über Bücher und deren Veröffentlichung, ihre allgemeine Unterstützung und ihre Schreibmaschine, die schnell in mein Haus gebracht wurde, als meine endgültig zusammenbrach, waren mir eine besondere Hilfe.

Meiner Familie, sowohl der leiblichen als auch der »adoptierten«, danke ich von Herzen für ihre Toleranz und Unterstützung: meinem Sohn Jake, der mich schon lange, bevor ich mich selbst dafür hielt, als »Schriftstellerin« bezeichnete; meiner Tochter Rachele, die oft die inständige Bitte, »Warte! Geh noch nicht, ich möchte dir eben noch eine Seite vorlesen«, erdulden mußte; Herrn und Frau Arthur R. French junior, meinen Vermietern und »Ersatzeltern«, die mit ihrer Freundlichkeit, Herzenswärme und

175

praktischen Hilfe in den letzten Jahren sowohl meine beiden Kinder als auch mich gehegt und gepflegt haben; und allen meinen Freundinnen und Freunden sowohl im Osten als auch in Michigan, auf deren Liebe und Fürsorge ich wirklich angewiesen bin.

Die C.G. Jung Foundation von New York ist während vieler Jahre meines Lebens eine wichtige Hilfsquelle für mich gewesen, und ich bin sehr dankbar, daß sie mein Buch unterstützte. Danken möchte ich auch all den Mitarbeitern der Foundation, die mir auf unterschiedlichste Weise Beistand leisteten, aber mein größter Dank gilt Aryeh Maidenbaum, dessen Freundschaft und Begeisterung für meine Arbeit mir von Anfang an wohlgetan haben, seit ich vor mehreren Jahren nach Osten gezogen bin.

Den Mitarbeitern des Shambhala Verlages, die mich Anfängerin mit Flexibilität, Geduld und Humor in die labyrinthartig verschlungenen Wege der Buchveröffentlichung initiierten, gilt von Herzen mein Dank. Besonders dankbar bin ich meiner Lektorin, Emily Hilburn Sell, die mich sowohl mit ihrem begeisterten Glauben an dieses Buch als auch mit ihrer praktischen Hilfe von Anfang an unterstützt hat. Mein erster Kontakt mit Emily war besonders bewegend und wird für mich als Autorin ein unauslöschlicher Eindruck bleiben. Als ich auf Emilys ersten Anruf hin zurückrief und sie bei sich zuhause erreichte, verhandelten wir eine halbe Stunde lang über die Bedingungen des Buchvertrags zur Begleitmusik ihres schmatzenden Babys, das dabei gestillt wurde. Da wußte ich, daß dieses Buch bei eiem so vielversprechenden »weiblichen« Anfang einfach gelingen mußte.

Und schließlich möchte ich mich hier dankbar zur spirituellen Quelle all meiner Arbeit sowie meines ganzen Lebens bekennen. Dieses Buch ist eine Huldigung an SIE: Herrin, Heilige, Mutter allen Lebens.

Anmerkungen

1 Adrienne Rich: *Von Frauen geboren. Mutterschaft als Erfahrung und Institution.* München: Frauenoffensive 1979, S. 215 – 217.

2 Vergleiche Kapitel 3 – 8 in Dorothy Dinnerstein: *The Mermaid and the Minotaur* (New York: Harper and Row 1976), wo die Folgen der patriarchalischen Einrichtungen für die Kindererziehung ausführlich besprochen sind. Dinnerstein konzentriert sich auf die Antagonismen Frauen gegenüber, die durch die vorrangig weibliche Kinderbetreuung hervorgerufen werden und die »von der Voraussetzung ausgehen, daß (die Mutter) als natürliche Kraftquelle existiert, als Wert, der besessen und eingespannt werden kann, abgeerntet und ausgeschürft, ohne Mitgefühl für diesen Raubbau an ihr und ohne Verantwortungsgefühl für ihre Erhaltung oder ihren Aufbau« (S. 36). Ähnlich drückt auch Marge Piercy das Unangemessene solcher Annahmen in ihrem eindrucksvollen Gedicht »Magic Mama« in ihrem Buch: *My Mother's Body* aus (New York: Alfred A. Knopf 1985, S. 78 f).

3 Diese Unterscheidung zwischen Mutterschaft als persönlicher Erfahrung und als sozialer Institution findet sich exemplarisch in Adrienne Rich: *Von Frauen geboren.* A.a.O.

4 Nancy Chodorow hat eine wissenschaftliche Analyse darüber geschrieben, wie Frauen das Bemutterungsverhalten von Generation zu Generation wiederholen und weitergeben und damit gesellschaftlichen Werten und Sichtweisen unbewußt einen Dienst erweisen. Vergleiche ihren Klassiker: *Das Erbe der Mütter. Psychoanalyse und Soziologie der Geschlechter.* München: Frauenoffensive 1985.

5 Rich: *Von Frauen geboren.* A.a.O., S. 239. Vergleiche auch Nancy Fridays Geschichte von ihrer Tante Kate in ihrem Buch: *Wie meine Mutter.* Frankfurt am Main: Goverts 1979, S. 213 ff.

6 Nachdem das Manuskript für dieses Buch bereits fertig war, stieß ich auf eine außerordentlich ausgewogene und hilfreiche Abhandlung über die Rolle, die Ärger bei der Heilung der überlebenden Opfer von Kindesmißhandlung spielt, und zwar in Ellen Bass und Laura Davis Buch: *The Courage to Heal: A Guide for Women Survivors of Child Abuse* (New York: Harper and Row 1988), im Abschnitt mit dem Titel »Anger – The Backbone of Healing«, S. 122 – 132. In Hinsicht auf den gegenwärtigen Zusammenhang vergleiche besonders »Working through Mother Blame« (S.

125), einen Absatz, der darauf abzielt, Frauen dabei zu helfen, zwischen ihrem Ärger auf einen mißhandelnden Vater, den sie fälschlicherweise auf ihre Mütter schieben, und einem berechtigten, angemessenen Ärger auf Mütter zu unterscheiden, die selbst mißhandelt haben oder es unterließen, ihre Töchter vor der Mißhandlung durch andere zu beschützen.

7 Vergleiche zum Beispiel Gloria Steinems tief bewegende Geschichte über ihre Mutter »Ruths Lied« in ihrem Buch: *Unerhört. Reportagen aus »Ms.«*, Reinbek: Rowohlt 1984 (S. 113 ff). Steinem zeigt tiefes Mitgefühl und Einfühlungsvermögen für ihre Mutter, die häufig psychisch krank war, und legt die persönlichen und gesellschaftlichen/institutionellen Tatsachen dar, die in den Erfahrungen ihrer Mutter einen großen Raum einnehmen. Ihre Geschichte ist eine schmerzliche Darstellung des Kampfes, sowohl emotional als auch körperlich zu überleben, als sie ab dem Alter von zehn Jahren anfing, die primäre Betreuungsperson für ihre Mutter zu sein. Trotzdem hat sie merkwürdigerweise wenig Gefühl für das Kind in sich, das so wenig Fürsorge erhielt, für ihre eigenen Entbehrungen und ihren Hunger nach Zuwendung. Statt dessen schreibt sie davon, daß sie jetzt ständig »von den Dingen besessen (ist), die ich für meine Mutter hätte tun können, solange sie lebte, oder von den Dingen, die ich ihr hätte sagen können« (S. 132). Gewandt und mit großem Einfühlungsvermögen artikuliert Steinem aus feministischer Sicht die Not ihrer Mutter, umgeht es aber, sich persönlicher auf sich selbst als Tochter ihrer Mutter zu konzentrieren.

8 Anne Sexton: *The Complete Poems.* Boston: Houghton Mifflin 1981, S. 464 f.

9 Zitiert in Karen Payne (Hrsg.): B*etween Ourselves: Letters between Mothers and Daughters.* Boston: Houghton Mifflin 1983, S. 143.

10 Payne: *Between Ourselves.* A.a.O., S. 140 – 142.

11 Friday: *Wie meine Mutter.* A.a.O., S. 218 f.; Judith Arcana: *Our Mothers' Daughters.* Berkeley: Shameless Hussy Press 1979, S. 165 f.

12 Tillie Olsens Kurzgeschichte, »Ich stehe hier und bügele«, in ihrem Buch: *Erzähl mir ein Rätsel.* Darmstadt & Neuwied: Luchterhand 1980, ist eine lebendige Schilderung des Bruches in einer grundsätzlich liebevollen Mutter-Tochter-Verbindung, verursacht durch den Druck der Situation als alleinerziehende Mutter, ungenügende Kinderversorgungsstätten, den Streß, mehrere Kinder versorgen zu müssen, sowie den gesellschaftlichen Einfluß durch Krieg und wirtschaftliche Depression.

13 Vergleiche Judith Arcana, Kapitel 5, »Fathers: The Men in Our Lives«, in: *Our Mothers' Daughters.* A.a.O., S. 119 – 145, wo die Auswirkungen, die die Vater-Tochter-Beziehung auf das Band zwischen Mutter und Tochter hat, weiter beschrieben werden.

14 Adrienne Rich beschreibt, wie sie schon früh das Gefühl gehabt hat, daß ihre Mutter, die verantwortlich dafür war, die Theorien des Vaters von einer »aufgeklärten, unorthodoxen Kindererziehung« umzusetzen, sie den

Erziehungsvorstellungen des Vaters geopfert habe. *Von Frauen geboren.* A.a.O., S. 214.

15 Payne: *Between Ourselves.* A.a.O., S. 6.

16 Vergleiche Jane Flax's Text, »The Conflict between Nurturance and Autonomy in Mother-Daughter Relationships and within Feminism«, in: *Feminist Studies*, Vol. 4, No. 2, Juni 1987, S. 171 – 189; eine an Freud orientierte Abhandlung darüber, warum viele Mütter und Töchter Schwierigkeiten damit haben, eine Beziehung auszuhandeln, die sowohl eine liebevolle Verbindung zwischen ihnen erlaubt als sie auch in ihrer Getrenntheit und Unabhängigkeit unterstützt.

17 Anne Sexton: *The Complete Poems.* A.a.O., S. 41 f.

18 Signe Hammer: *Töchter und Mütter. Über die Schwierigkeiten einer Beziehung.* Frankfurt am Main: Fischer Taschenbuch 1984, S. 138 f.

19 Hammer: *Töchter und Mütter.* A.a.O., S. 141.

20 Vergleiche den Briefwechsel zwischen Jessica und ihrer Mutter in: Payne: *Between Ourselves.* A.a.O., S. 25 – 31. Er ist ein Beispiel für die Bedrohung, die es für die Mutter darstellt, wenn die Tochter einen anderen Lebensstil als die traditionelle Ehe wählt.

21 Vergleiche Adrienne Rich zu mütterlicher Gewalt in: *Von Frauen geboren.* A.a.O., Kapitel X, S. 248 ff.

22 Vergleiche die Abschnitte über »mother-daughter incest« in Bass und Davis: *The Courage to Heal.* A.a.O., S. 96 f. und S. 387 – 393.

23 Vergleiche Sylvia Pereras Anmerkungen zur »kontrollierten therapeutischen Regression« in ihrem Buch: *Der Weg zur Göttin der Tiefe.* Interlaken: Ansata 1985, S. 85 – 88.

24 Arcana: *Our Mothers' Daughters.* A.a.O., S. 71 – 87; und des weiteren Lucy Rose Fischers Ansicht, daß »die körperliche Entwicklung der Tochter für die Mutter-Tochter-Beziehung eine doppelte und widersprüchliche Bedeutung hat: Sie steht sowohl für ihre Verbindung als Frauen als auch für die größte Barriere zwischen ihnen – ihre Heterosexualität« (S. 39). Lucy Rose Fischer: *Linked Lives: Adult Daughters and Their Mothers.* New York: Harper and Row 1986.

25 Maxine Kumin in Lyn Lifshin (Hrsg.): *Tangled Vines: A Collection of Mother and Daughter Poems.* Boston: Beacon Press 1978, S. 85.

26 Rich: *Von Frauen geboren.* A.a.O., S. 227.

27 Carl Gustav Jung: »Psychologische Aspekte des Mutterarchetypus«, in: *Gesammelte Werke*, Neunter Band, erster Halbband. Olten u. Freiburg im Breisgau: Walter-Verlag 1976, S. 105 f. Obwohl vielen Feministinnen seine Ansichten von Frauen und vom archetypischen Weiblichen nicht gefallen, hat Jung doch bereits sehr früh die zerstörerischen Auswirkungen von Projektionen auf Frauen verstanden und sogar dafür plädiert, daß die menschliche Frau von der Last der archetypischen Mutter, die ihr in Form von unmöglichen Erwartungen aufgebürdet wird, befreit werden möge (S. 172).

28 In extremen Fällen kann das auch die Form annehmen, daß Frauen aus Angst, die mütterlichen Verhaltensmuster zu wiederholen, beschließen, nicht Mutter zu werden (das ist meiner Erfahrung nach besonders bei Frauen verbreitet, die in ihrer Kindheit von ihren Müttern mißhandelt wurden, und die jetzt befürchten, selbst zu mißhandeln).

29 Judith Anderson: »Mother«, in: Greater Lansing Spinsters' Guild: *The Greengathering Feast* (songs). East Lansing, Mich.: Tea Rose Press 1981, S. 41.

30 Rich beobachtet: »Wie sehr wir ihr auch rational verzeihen, was immer an Liebe und Stärke die individuelle Mutter aufbrachte, das Kind in uns, die kleine Frau, die aufwuchs in einer männlich beherrschten Welt, fühlt sich manchmal noch immer zutiefst mutterseelenallein.« *Von Frauen geboren.* A.a.O., S. 217.

31 Vergleiche Nancy Friday: *Wie meine Mutter.* A.a. O., S. 260, und ebd. Kapitel 11, »Die Rückkehr zur Symbiose«; siehe auch Rich: *Von Frauen geboren.* A.a.O., S. 234 f.

32 Rich: *Von Frauen geboren.* A.a.O., S. 217.

33 June Rachuy Brindel: *Ariadne.* New York: St. Martin's Press 1980, S. 3 f.

34 Robert Graves »Einleitung« zu seinem Buch: *Griechische Mythologie. Quellen und Deutung.* Bd. 1. Hamburg: Rowohlt 1960. Zur Geschichte der Göttinnen-Religion vgl. auch Merlin Stone: *Als Gott eine Frau war. Die Geschichte der Ur-Religion unserer Kulturen.* München: Goldmann 1989; und Marija Gimbutas: *The Goddesses and Gods of Old Europe: Myths and Cult Images.* Berkeley and Los Angeles: University of California Press 1982.

35 Ein Aufsatz über die Verfolgung von Frauen, die Hexen waren, den ich besonders mag, findet sich in Starhawks Buch: *Wilde Kräfte. Sex und Magie für eine erfüllte Welt.* Freiburg: Bauer 1987, Anhang A: »Die Zeiten der Verbrennung: Notizen über eine entscheidende Periode der Geschichte«, S. 203 ff.

36 Vergleiche zum Beispiel das Kapitel über St. Brigid in James Prestons Buch: *Mother Worship.* Chapel Hill: University of North Carolina Press 1982, S. 75 – 94.

37 Eine gründliche Untersuchung der bildlichen Darstellungen, Legenden und Bedeutungen der Maria, einschließlich ihrer Verbindungen zu uralten Visionen von der Göttin aus feministischer Sicht, findet sich in: Marina Warner: *Maria. Geburt, Triumph, Niedergang – Rückkehr eines Mythos?* München: Trikont-Dianus 1982.

38 In den letzten zehn Jahren sind viele Bücher über weibliche Spiritualität herausgekommen. Zwei der verbreitetsten und repräsentativsten sind die Essaysammlungen von Carol Christ und Judith Plaskow (Hrsg.): *Womanspirit Rising.* San Francisco: Harper and Row 1979; und Charlene Spretnak (Hrsg.): *The Politics of Women's Spirituality.* Garden City, N.Y.: Anchor Press 1982.

39 Vergleiche zum Beispiel Sylvia Pereras Arbeit über die Bedeutung, die die sumerische Göttin Inanna für die heutige Frau hat. In: *Der Weg zur Göttin der Tiefe.* A.a.O. Interessanterweise behauptete Carl Gustav Jung, der bereits 1954 über die Mutter-Göttin schrieb:»Er (der Begriff der ›Großen Mutter‹) geht die Psychologie zunächst nichts an, indem das Bild einer ›Großen Mutter‹ in *dieser* Form nur selten und dann nur unter ganz besonderen Bedingungen in der praktischen Erfahrung auftritt.« »Psychologische Aspekte des Mutterarchetypus«, in: *Gesammelte Werke*, Bd. 9, erster Halbband. A.a.O., S. 91. Das gilt heute nicht mehr: Das Auftreten von Göttinnenbildern in zeitgenössischen Träumen, Phantasien und künstlerischen Werken wie auch das ständig zunehmende geschriebene Material über ihre Religion, sowohl die alte als auch die moderne, spiegeln vielleicht einen Wechsel im kollektiven Unbewußten wider und zwar in die Richtung, daß diese uralte Bilderwelt für den modernen Mann und die moderne Frau wieder sichtbar gemacht wird.

40 Carol Christ:»Why Women Need the Goddess«, in: Christ und Plaskow (Hrsg.): *Womanspirit Rising.* A.a.O.,S. 273 – 287.

41 Eine provokative Untersuchung der symbolischen Bedeutung der Menstruation ist Penelope Shuttle und Peter Redgroves Buch: *Die weise Wunde Menstruation.* Frankfurt am Main: Fischer 1980.

42 Vergleiche unter dem Stichwort»Menstrual Blood« in Barbara Walkers umfangreichem Werk: *The Women's Encyclopedia of Myths and Secrets.* San Francisco: Harper and Row 1983, S. 635 – 645. Walker schreibt:»Die südamerikanischen Indianer sagen, daß die ganze Menschheit am Anfang aus ›Mondblut‹ entstand. Die gleiche Vorstellung herrschte im alten Mesopotamien, wo die Große Göttin Ninhursag den Menschen aus Lehm formte und diesem ihr ›Lebensblut‹ eingab. Unter ihren anderen Namen Mammetun oder Aruru die Große, die Töpferin, lehrte sie Frauen, für einen Empfängniszauber Lehmpuppen zu formen und diese mit ihrem Menstruationsblut zu beschmieren, ein Stück Magie, das dem Namen Adam zugrundelag, der von der weiblichen Form Adamah abstammt, was soviel wie ›blutiger Lehm‹ heißt, auch wenn die Gelehrten das vorsichtiger mit ›rote Erde‹ übersetzten. Die Bibelgeschichte von Adam wurde von einem älteren, weiblich orientierten Schöpfungsmythos abgeleitet, in dem von der Erschaffung des Menschen aus Lehm und Mondblut erzählt wird.« (S. 635)

43 Vergleiche Barbara Walkers Erörterung der Weisheit, die den Frauen in den Alten Zeiten nach der Menopause zugesprochen wurde. In: *Die weise Alte. Kulturgeschichte – Symbolik – Archetypus.* München: Frauenoffensive 1986. Hier besonders Kapitel 3.

44 Gimbutas: *Goddesses and Gods of Old Europe.* A.a.O., S. 112.

45 Stone: *Als Gott eine Frau war.* A.a.O., S. 79.

46 In Diane Wolkstein und Samuel Noah Kramer: *Inanna, Queen of Heaven and Earth.* New York: Harper and Row 1983, S. 12.

47 Ebd., S. 36 f.

48 Ebd., S. 37.

49 Michael Dames: *The Silbury Treasure*. London: Thames and Hudson 1976, S. 94 f. Eine gründlichere Auseinandersetzung mit diesen faszinierenden Gestalten findet sich in: Jorgen Andersen: *The Witch in the Wall*. Kopenhagen: Rosenkilde und Bagger 1977.

50 Vergleiche die Sage von Erysichthon, der von der Korngöttin Ceres zu ewigem Hunger verdammt wurde, weil er in ihrem heiligen Hain eine Eiche gefällt hatte. In: Ovids *Verwandlungen* (Metamorphosen) von Johann Heinrich Voß. Leipzig: Reclam 1915, S. 149 ff.

51 Gesang der Kagaba-Indianer, Kolumbien, zitiert in Erich Neumann: *Die Große Mutter. Eine Phänomenologie der weiblichen Gestaltungen des Unbewußten*. Olten & Freiburg im Breisgau: Walter Verlag 1981, S. 91 f.

52 Vergleiche Sylvia Pereras Abhandlung über die Unterweltschwester der Göttin Inanna, Ereshkigal, in Perera: D*er Weg zur Göttin der Tiefe*. A.a.O. Kapitel 2 – 4, S. 21 – 74.

53 Vergleiche Walker: *Die weise Alte*. A.a.O., S. 50 ff.

54 Bedeutung und Wert der Märchenhexe aus jungianischer Sicht gesehen werden besprochen in Ann Ulanovs Text »The Witch Archetype«, *Quadrant*, Journal of the C.G.Jung Foundation. New York, Vol. 10, No.1, Sommer 1977, S. 5 – 22.

55 *New Larousse Encyclopedia of Mythology*. Middlesex, England: Hamlyn Publishing Group 1959, S. 36.

56 Vergleiche den Abschnitt über Kali in David Robert Kinsleys Buch *Flöte und Schwert. Krishna und Kali. Visionen des Schönen und des Schrecklichen in der altindischen Mythologie*. Bern/München/Wien: Barth 1979, S. 99 – 169.

57 Swami Nikhilananda: *The Gospel of Sri Ramakrishna*. New York: Ramakrishna-Vivekananda Center 1952, S. 9.

58 Die Homerischen Götterhymnen. Verdeutscht von Thassilo v. Scheffer. Leipzig: Dieterich'sche Verlagsbuchhandlung 1948, S. 50 ff.

59 Graves: *Griechische Mythologie*. Bd. 1, a.a.O., c. S. 77 f.

60 Ich greife hier Adrienne Richs Vorstellung von »Heimweh« auf, wie sie in ihrem Gedicht »Transcendental Etude« auftaucht. In: *Dream of a Common Language*. New York: W.W. Norton and Co. 1978, S. 75 ff.

61 Vor allem Starhawk entwickelt in *Wilde Kräfte* die Vision von einer immanenten Göttin. Vergleiche ihre Erläuterung dieses Begriffes a.a.O., S. 25 ff.

62 Rich: *Von Frauen geboren*. A.a.O., S. 17, S. 274 f.

63 Vergleiche Carol Baumanns Text, »Psychological Experiences Connected with Childbirth«, in: *Studien zur analytischen Psychologie C.G.Jungs*, Bd. 1. Zürich: Rascher Verlag 1955, S. 336 – 370.

64 Walker: *Encyclopedia*. A.a.O., S. 641 – 644.

65 Erich Neumann: *Die Große Mutter*. A.a.O., S. 39 ff.
66 Ebd., S. 40.
67 Ebd., S. 51.
68 Ebd., S. 147 ff.
69 Starhawk: *Wilde Kräfte*. A.a.O., S. 246.
70 Neumann: *Die Große Mutter*. A.a.O., S. 39 ff.
71 Ebd., S. 62. Vergleiche auch S. 269 ff.
72 Ich bin Sylvia Perera dafür dankbar, daß sie mich auf diesen Aspekt der Wandlungsmutter in einem persönlichen Gespräch hingewiesen hat.
73 Vergleiche Perera: *Der Weg zur Göttin der Tiefe*, S. 75 – 84.
74 Vergleiche ebd., S. 29 – 63, S. 89 – 94.
75 Vergleiche Susan Faulkners Geschichte in Karen Payne: *Between Ourselves*. A.a.O., S. 357 – 359. Faulkner schreibt:»Liebe Mutter, vor einer Woche bist Du gestorben, und endlich bin ich frei – und ziemlich allein. Frei von dieser Anwesenheit, die ständig wie in Fittichen über mir schwebte, nach denen ich nicht aufhörte zu schauen, um Wärme und Zuneigung zu finden und jene bedingungslose Anerkennung, von der ich nur allzu gut wußte, daß sie dort nicht war.« (S. 358)
76 Eine Theorie weiblicher Psychologie, die sowohl auf dem »reifenden« Aspekt des Mutterleibes als auch auf dem »Druck ausübenden« gebärenden Schoß beruht, findet sich in Genia Pauli Haddons außerordentlich originellem und provokativem Buch: *Body Metaphors: Releasing God-Feminine in Us All*. New York: Crossroad Publishing 1988.
77 Walker: *Die weise Alte*. A.a.O., S. 106.
78 Coypright Linda Daly Meshil, 1988.
79 Graves: *Griechische Mythologie*. Bd. 1, a.a.O., b. S. 77.
80 Toni Wolff, eine frühe Mitarbeiterin von Jung, entwickelte eine Typologie, in der sie vier Formen der Weiblichkeit unterscheidet. In einem Artikel mit dem Titel »Strukturformen der weiblichen Psyche« beschreibt sie die vier weiblichen Typen: die Mutter, die Hetaira, die Amazone und die Mediale. (Vergleiche: Toni Wolff, *Studien zu C.G. Jungs Psychologie*. Zürich: Rhein-Verlag 1959). Die Mediale ähnelt unserer Vorstellung von der »Hellseherin«; sie ist empfänglich für archetypische Bilder und Vorstellungen.»Die Übermacht des kollektiven Unbewußten überschwemmt das Ich der Medialen« (S. 115), schreibt Wolff, und dieser Typ Frau ist oft so überwältigt, daß er sich nicht artikulieren kann. Das galt zu Beginn der Therapie auch für meine Patientin.
81 Vergleiche Gimbutas: *Goddesses and Gods of Old Europe*. A.a.O., Abbildung 15 (S. 46) und Abbildung 96 (S. 144).
82 Judy Grahn: *She Who*. Oakland, Calif.: Diana Press 1972, 1977, S. 8 f.

Literatur

Andersen, Jorgen: *The Witch on the Wall*. Kopenhagen: Rosenkilde und Bagger 1977.

Arcana, Judith: *Our Mothers' Daughters*. Berkeley: Shameless Hussy Press 1979.

Bass, Ellen und Davis, Laura: *The Courage to Heal: A Guide for Women Survivors of Child Sexual Abuse*. New York: Harper and Row 1988.

Baumann, Carol: »Psychological Experiences Connected with Childbirth.« *Studien zur Analytischen Psychologie C.G. Jungs*. Bd. 1. Zürich: Rascher Verlag 1955, S. 336 – 370.

Brindel, June Rachuy: *Ariadne*. New York: St. Martin's Press 1980.

Chodorow, Nancy: *Das Erbe der Mütter. Psychoanalyse und Soziologie der Mütterlichkeit*. München: Frauenoffensive 1985.

Christ, Carol: »Why Women Need the Goddess«, in Carol Christ und Judith Plaskow (Hrsg.): *Womanspirit Rising*. San Francisco: Harper and Row 1979.

Christ und Plaskow (Hrsg.): *Womanspirit Rising*. San Francisco: Harper and Row 1979.

Claremont de Castillejo, Irene: *Die Töchter der Penelope. Elemente des Weiblichen*. Olten: Walter 1979.

Dames, Michael: *The Silbury Treasure*. London: Thames and Hudson 1976.

Die Homerischen Götterhymnen. Verdeutscht von Thassilo v. Scheffer. Leipzig: Dieterich 1948.

Dinnerstein, Dorothy: *The Mermaid and the Minotaur*. New York: Harper and Row 1976.

Downing, Christine: *The Goddess*. New York: The Crossroad Publishing Co. 1981.

Fischer, Lucy Rose: *Linked Lives: Adult Daughters and Their Mothers*. New York: Harper and Row 1986.

Flax, Jane: »The Conflict between Nurturance and Autonomy in Mother-Daughter Relationships and within Feminism.« *Feminist Studies*, vol. 4, no. 2, Juni 1978, S. 171 – 189.

Friday, Nancy: *Wie meine Mutter*. Frankfurt am Main: Goverts 1979.

Friedrich, Paul: *The Meaning of Aphrodite*. Chicago and London: University of Chicago Press 1978.

Gimbutas, Marija: *The Goddesses and Gods of Old Europe: Myths and Cult Images*. Berkeley and Los Angeles: University of California Press 1982.

Grahn, Judy: *She Who*. Oakland, California: Diana Press 1977.

Graves, Robert: *Griechische Mythologie. Quellen und Deutung*. Bd. 1. Reinbek: Rowohlt 1960.

Greater Lansing Spinsters' Guild. *The Greengathering Feast* (songs). East Lansing, Michigan: Tea Rose Press 1981.

Haddon, Genia Pauli: *Body Metaphors. Releasing God-Feminine in Us All*. New York: Crossroad Publishing Co. 1988.

Harding, Esther: *Frauenmysterien einst und jetzt*. Berlin: Verl. Schwarze Katze 1982.

Jung, Carl Gustav:»Psychologische Aspekte des Mutterarchetypus«, in: *Gesammelte Werke*. Neunter Band, erster Halbband. Olten u. Freiburg im Breisgau: Walter Verlag 1976, S. 105 ff.

ders.: *Gesammelte Werke*. Fünfter Band: *Symbole der Wandlung*, Olten u. Freiburg im Breisgau: Walter Verlag 1973.

Kinsley, David Robert: *Flöte und Schwert. Krishna und Kali. Visionen des Schönen und des Schrecklichen in der altindischen Mythologie*. Bern/München/Wien: Barth 1979.

Lifshin, Lyn (Hrsg.): *Tangled Vines: A Collection of Mother-Daughter Poems*. Boston: Beacon Press 1976.

Miller, Jean Baker: *Die Stärke weiblicher Schwäche. Zu einem neuen Verständnis der Frau*. Frankfurt am Main: Fischer 1987.

Neumann, Erich: *Die Große Mutter. Eine Phänomenologie der weiblichen Gestaltungen des Unbewußten*. Olten u. Freiburg im Breisgau: Walter Verlag 1981.

New Larousse Encyclopedia of Mythology. Middlesex, England: Hamlyn Publishing Group 1959.

Nikhilananda, Swami: *The Gospel of Sri Ramakrishna by »M.«* New York: Ramakrishna-Vivekananda Center 1952.

Olsen, Tillie: *Erzähl mir ein Rätsel*. Darmstadt & Neuwied: Luchterhand 1980.

Ovid: *Verwandlungen* (Metamorphosen). Leipzig: Reclam 1915.

Paris, Ginette: *Pagan Meditations: The Worlds of Aphrodite, Artemis and Hestia*. Dallas: Spring Publications 1986.

Payne, Karen (Hrsg.): *Between Ourselves. Letters between Mothers and Daughters*. Boston: Houghton Mifflin Co. 1983.

Perera, Sylvia: *Der Weg zur Göttin der Tiefe*. Interlaken: Ansata 1985.

Piercy, Marge: *My Mother's Body*. New York: Alfred A. Knopf 1985.

Preston, James: *Mother Worship*. Chapel Hill: University of North Carolina Press 1982.

Rich, Adrienne: *The Dream of a Common Language*. New York: W.W. Norton and Co. 1978.

dies.: *Von Frauen geboren. Mutterschaft als Erfahrung und Institution*. München: Frauenoffensive 1979.

Sexton, Anne: *The Complete Poems*. Boston: Houghton Mifflin 1981.

Shuttle, Penelope und Redgrove, Peter: *Die weise Wunde Menstruation*. Frankfurt am Main: Fischer 1980.

Sjöö, Monica und Mor, Barbara: *Wiederkehr der Göttin. Die Religion der großen kosmischen Mutter und ihre Vertreibung durch den Vatergott*. Braunschweig: Labyrinth 1985.

Spretnak, Charlene (Hrsg.): *The Politics of Women's Spirituality*. Garden City, New York: Anchor Press 1982.

Starhawk: *Der Hexenkult als Ur-Religion der Großen Göttin. Magische Übungen, Rituale und Anrufungen*. Freiburg im Breisgau: Bauer 1987.

dies.: *Wilde Kräfte. Sex und Magie für eine erfüllte Welt*. Freiburg im Breisgau: Bauer 1987.

Steinem, Gloria: *Unerhört. Reportagen aus »Ms.«*. Reinbek: Rowohlt 1984.

Stone, Merlin: *Als Gott eine Frau war. Die Geschichte der Ur-Religion unserer Kulturen*. München: Goldmann 1989.

Ulanov, Ann: »The Witch Archetype«, *Quadrant*. (Journal of the C.G. Jung Foundation, New York City), Vol. 10, No.1, Sommer 1977, S. 5 – 22.

Walker, Barbara: *Die weise Alte. Kulturgeschichte – Symbolik – Archetypus*. München: Frauenoffensive 1986.

dies.: *The Women's Encyclopedia of Myths and Secrets*. San Francisco: Harper and Row 1983.

Warner, Marina: *Maria. Geburt, Triumph, Niedergang – Rückkehr eines Mythos?* München: Trikont-Dianus 1982.

Wolff, Toni: »Strukturformen der weiblichen Psyche«, in: dies.: *Studien zu C.G. Jungs Psychologie*. Zürich: Rhein-Verlag 1959.

Wolkstein, Diane und Kramer, Samuel Noah: *Inanna, Queen of Heaven and Earth*. New York: Harper and Row 1983.

Register

189

Die Kraft
des Weiblichen

Edward C. Whitmont
Die Rückkehr der Göttin
Von der Kraft des Weiblichen in Individuum
und Gesellschaft
301 Seiten. Gebunden mit Schutzumschlag

Unsere Welt, die lange von männlicher Rationalität dominiert war, hat eine Phase erreicht, in der klassiche weibliche Werte – Instinkt, Gefühl, Intuition – wieder größere Achtung genießen. Die Wiederentdeckung des Weiblichen, die Whitmont hier anhand des Göttinnen-Motivs verfolgt, wird weitreichende Folgen für die kulturelle Entwicklung und die Evolution des Bewußtseins haben.

Die thematische Breite und Fülle des verwendeten Materials reichen weit über das Psychologische hinaus in kulturelle, politische und gesellschaftliche Bereiche hinein. Deshalb gilt dieses Buch, das im amerikanischen Original großes Aufsehen erregt hat, als eines der wichtigsten, die je zum Thema »weiblich/männlich« geschrieben wurden.